簡単なのに、ちゃん……る！

野菜が
たっぷり

ORANGE PAGE BOOKS

おうちごはん
格上げレシピ❷

contents

PART 2

料理家の野菜使いに注目。

PART 3

野菜がおいしい煮ものと鍋。……100

●コラム●

野菜のいまどき冷凍術

●この本の表記

【大さじ、小さじ、カップについて】
大さじ1は15mℓ、小さじ1は5mℓ、1カップは200mℓです。

【フライパンについて】
特に記載のない場合、直径26cmのものを使用しています。

【電子レンジについて】
加熱時間は600Wのものを基準にしています。500Wの場合は1.2倍を、700Wの場合は0.8倍を目安に加熱時間を調整してください。

【オーブントースターについて】
加熱時間は1000Wのものを基準にしています。熱源が近く焦げやすいので、様子をみながら加熱し、焦げそうな場合は途中でアルミホイルをかぶせてください。

【作りおきについて】
作りおきできる料理は、清潔な密閉容器に入れて冷蔵保存してください。
耐熱の容器なら煮沸消毒を、耐熱でなければアルコール消毒液などを使ってください。

オレペからの新提案！
ごはんに合う「和サラダ」

しょうが焼きや焼き魚など、食卓によく並ぶのはやっぱり和のごはん。
それなら、添えるサラダも洋風ではなく、和風のほうがしっくりくるはず！
しょうゆ、みそ、梅などで味つけする「和サラダ」なら、
ご飯がすすみ、家族みんなが好きになりますよ。

料理／小林まさみ（P9～11）　市瀬悦子（P12・14）　大庭英子（P13）　重信初江（P15）
撮影／馬場わかな（P9～11）　木村 拓（東京料理写真・P12）　鈴木泰介（P13）　原ヒデトシ（P14）　中村 淳（P15）
スタイリング／渡会順子（P9～11）　深川あさり（P12）　諸橋昌子（P13）　細井美波（P14）　浜田恵子（P15）
熱量・塩分計算／本城美智子（P9～13・15）　五戸美香（ナッツカンパニー・P14）

バラ照りと白菜のサラダ

「肉」の和サラダ

とろり温たまの豚そぼろサラダ

甘辛しょうゆ味

刻んだ豚こまで作るそぼろは、
文句なしのボリューム!
温たまでぐっとまろやかに。

材料（2人分）

- 豚こまそぼろ（下記参照）……100g
- サニーレタスの葉……2〜3枚（約50g）
- 春菊……1/4わ（約50g）
- 玉ねぎ……1/4個（約50g）
- 温泉卵……1個
- ごま油

1.野菜の下ごしらえをする

春菊は葉を摘んで食べやすく切り、茎は小口切りにする。サニーレタスは一口大にちぎる。玉ねぎは縦に薄切りにし、さっと水にさらして水けをきる。

2.味つけし、仕上げる

ボールにサニーレタス、春菊、玉ねぎを入れ、食べる直前にごま油大さじ1を加えてあえる。器に盛り、そぼろをかけ、温泉卵をのせる。

（1人分221kcal、塩分0.7g）

バラ照りと白菜のサラダ

甘辛しょうゆ味

甘辛く照り焼きにした
豚バラ肉が食欲をそそります!
淡泊な白菜との相性も抜群。

材料（2人分）

- 豚バラ薄切り肉……150g
- 甘辛しょうゆだれ
  - しょうゆ、みりん……各小さじ2
  - 砂糖……小さじ1/2
- 白菜の葉……2〜3枚（約150g）
- 三つ葉……1/2束（約35g）
- みょうが……2個

1.材料の下ごしらえをする

白菜は葉としんに分け、しんは長さ5cmに切って縦に薄切り、葉は長さ5cm、幅2cmに切る。三つ葉はざく切り、みょうがは縦半分に切り、縦に薄切りにする。ボールに入れて混ぜ、器に盛る。甘辛しょうゆだれの材料を混ぜる。

2.肉を焼き、仕上げる

豚肉は幅3cmに切る。フライパンに豚肉を広げ入れ、強火にかけて両面をこんがりと焼く。フライパンの脂をペーパータオルで拭き、たれを加えてからめ、**1**にのせる。

（1人分290kcal、塩分1.0g）

作りおきすると便利！「**豚こまそぼろ**」

下味&片栗粉のおかげで、さめても柔らかくふっくら。副菜に、お弁当にと重宝します。

作り方

豚肉は幅5mmに刻み、ボールに入れて下味の材料をもみ込む。フライパンにサラダ油大さじ1を強めの中火で熱し、豚肉を炒める。肉の色が変わったら、甘辛にんにくだれの材料を加える。木べらで混ぜながら、とろみがつくまで1分ほど煮る。

（全量で1130kcal、塩分5.7g）

●冷蔵で2〜3日保存OK

材料（作りやすい分量・でき上がり約520g分）

- 豚こま切れ肉……400g
- 下味
  - 酒……大さじ1
  - 片栗粉……大さじ1 1/3
- 甘辛にんにくだれ
  - 水……1/2カップ
  - しょうゆ……大さじ2
  - 砂糖、酒、みりん……各大さじ1
  - にんにくのすりおろし……小さじ1/2
- サラダ油

春菊がほろ苦くて
気がきいてるね。
このちいさいおにく、すきー。

シャキシャキもやしの豚しゃぶサラダ

もやしは50℃の湯に浸すのがシャキッとさせるコツ。
辛子じょうゆのさわやかな辛みが、あとを引きます。

材料（2人分）

もやし……1袋（約200g）
豚ロース薄切り肉（しゃぶしゃぶ用）……120g
水菜……$\frac{1}{3}$わ（約70g）
辛子じょうゆだれ
- ごま油……大さじ$1\frac{1}{2}$
- 酢……大さじ$\frac{1}{2}$
- しょうゆ……小さじ2
- 練り辛子……小さじ$\frac{1}{2}$

白いりごま……大さじ$\frac{1}{2}$

1. 材料の下ごしらえをする

耐熱のボールに50℃の湯を入れ、もやしを1分ほど浸す。ざるに上げ、水けをしっかりときる。水菜は長さ5cmに切る。辛子じょうゆだれの材料を混ぜる。

ここ失敗しがち！
「50℃」はもやしが水分を吸収しやすい温度。温度計がないとわかりづらいですが、熱湯と水を1:1で混ぜれば確実！

2. もやしをゆでる

深めのフライパンに水6カップを入れて沸かす。もやしを入れてかるくほぐし、ふたをして強火で1分ゆで、火を止める。網じゃくしですくってざるに取り出し、水けをしっかりときる。

3. 豚肉をゆで、仕上げる

同じ湯に豚肉を入れ、肉の色が変わったら、すぐにざるに上げて、水けをしっかりときる。器に水菜、もやし、豚肉を順に盛り、辛子じょうゆだれをかけて、白ごまを散らす。

（1人分266kcal、塩分1.0g）

みそが入ると、とたんにご飯に合うなあ。

材料（2人分）

- 鶏胸肉……1枚（約200g）
- キャベツの葉……4枚（約200g）
- しめじ……1パック（約100g）
- みそマヨだれ
  - マヨネーズ……大さじ3
  - みそ……大さじ1½
  - こしょう……少々
- 塩　片栗粉

1.具材の下ごしらえをする

しめじは石づきを切ってほぐす。鶏肉は皮を取り除いて縦半分に切り、幅1cmのそぎ切りにする。

2.キャベツ、しめじをゆでる

鍋にたっぷりの湯を沸かして塩少々を加え、キャベツを入れる。中火で1〜2分ゆで、取り出して冷水にとる。同じ湯にしめじを入れ、煮立ったら弱火にして3〜4分ゆで、ざるに上げる。粗熱が取れたら水けを絞る。キャベツの水けをしっかりと絞り、3cm四方に切る。

3.鶏肉をゆで、仕上げる

水を替え、再び湯を沸かす。鶏肉に片栗粉を薄くまぶして熱湯に入れ、煮立ったら弱火で2分ほどゆでる。冷水にとって冷やし、水けを拭く。ボールに、みそマヨだれの材料を混ぜ、キャベツ、しめじ、鶏肉を加えてあえる。

（1人分278kcal、塩分2.4g）

ゆでキャベツと鶏胸のサラダ

こっくりまろやかなみそマヨが美味。鶏胸肉は粉をまぶしておくと、しっとりとゆでられます。

「豆腐」の和サラダ

梅しょうゆ味

水菜と青じその豆腐サラダ

梅、しそ、のりとくればご飯に合うこと間違いなし。ごま油でこくと風味をプラスします。

材料（2人分）

- 木綿または絹ごし豆腐…………1丁（約300g）
- 水菜………………………………$\frac{1}{3}$わ（約70g）
- 青じその葉……………………………………4枚
- 焼きのり（全形）………………………… $\frac{1}{2}$枚
- 梅ドレッシング
  - 梅干し（塩分10％前後のもの）…………1個
  - ごま油………………………………大さじ1$\frac{1}{2}$
  - しょうゆ ………………………………小さじ2
  - 砂糖 ……………………………………小さじ$\frac{1}{3}$
  - こしょう…………………………………………少々

1. 材料の下ごしらえをする

豆腐は小さめの一口大にちぎってペーパータオル2枚で包み、15分ほどおいて水きりをする。水菜は長さ2cmに切る。青じそは軸を切って小さめにちぎり、水菜と混ぜる。

2. 仕上げる

梅干しは種を取って包丁で粗めにたたき、ドレッシングの残りの材料を混ぜる。器に水菜と青じそを盛り、**1**の豆腐をのせる。焼きのりを小さめにちぎってのせ、ドレッシングをかける。（1人分208kcal、塩分1.3g）

牛こまと夏野菜の豆腐サラダ

にんにくじょうゆ味

炒めたズッキーニや牛肉をどっさりのせた、スタミナ満点のひと皿。貝割れ菜とピーナッツの食感がアクセント。

材料（2人分）

- 木綿豆腐……1丁（約300g）
- 牛こま切れ肉……150g
- ズッキーニ……½本
- 赤ピーマン……1個
- にんにくじょうゆだれ
  - しょうゆ……大さじ1½
  - オリーブオイル……大さじ1
  - にんにくのすりおろし……小さじ½
  - 砂糖……小さじ½
  - こしょう……少々
- 貝割れ菜……½パック（約50g）
- ピーナッツ（有塩）……適宜
- 塩　こしょう　オリーブオイル

下準備

- 豆腐は2枚重ねにしたペーパータオルで包み、皿にのせる。皿を2枚重ねて重しにしてのせ、15分ほどおいて水きりする。

1. 材料の下ごしらえをする

牛肉は塩、こしょう各少々をふってもみ込む。ズッキーニは縦半分に切ってから、斜めに幅7〜8㎜に切る。赤ピーマンはへたと種をくりぬき、薄い輪切りにする。貝割れは根元を切り、長さを半分に切る。ピーナッツは粗く刻む。にんにくじょうゆだれの材料を混ぜる。

2. 牛肉、野菜を炒めて仕上げる

フライパンにオリーブオイル大さじ1を強めの中火で熱し、牛肉を入れて炒める。肉の色が変わりはじめたらズッキーニを加え、しんなりとするまで1〜2分炒める。赤ピーマンを入れ、30秒ほど炒めて火を止める。

3. 器に盛り、たれをかける

豆腐を切らずに器に盛り、**2**、貝割れ、ピーナッツの順にのせる。たれをかけ、豆腐をくずしながらいただく。

（1人分517kcal、塩分2.5g）

がつんとにんにくきいてて最高！

野菜、豆腐、肉！　バランスよーし。

seasonal

季節の野菜、いまどきの食べ方。

『オレンジページ』でずっと変わらず人気なのは、旬の野菜のテーマ。
でも、時代によって、企画の切り口は絶えず変化しています。
「揚げなすは好きだけど、油っぽいのはいや！」
「大根は食べたいけど、じっくり煮るのはめんどう……」など、
いまどきのニーズを拾って大ヒットしたページをご紹介します。

「油っぽい」のが気になるあなたへ。

油を吸わせない
なす炒め

料理／大庭英子
撮影／木村 拓（東京料理写真）
スタイリング／阿部まゆこ
熱量・塩分計算／本城美智子

麻婆なすやみそ炒めなど、みんなが大好きななす料理は「炒めもの」。
油と相性がいいのはわかっていても、「カロリーが……」「油っこくなりすぎて」というお悩み多数!
そこでオレペが提案する、2つのおいしい解決策をご覧ください。

蒸し焼きにすれば、

Technique 01

とろける食感！「蒸し炒め」

身が乾いていると、いくらでも油を吸っていくのがなすの特徴。
事前に油をからめておくと、炒め油を最小限にでき、吸収も抑えられるんです。
また、蒸すことでみずみずしさも増し、
揚げたようなとろりとした口当たりになるのも魅力！

麻婆なす

揚げたような食感に！

大定番の麻婆も、
油を抑えられるのがうれしい！
豚ひき肉のうまみと、
豆板醤の辛みがあいまってやみつきに。

揚げてないのにとろっ。びっくりしたー！

意外にこくがあるね。ごま油がきいてる。

材料（2人分）

- なす……4個（約360g）
- 豚ひき肉……150g
- しめじ……1パック（約100g）
- 豆板醤（トウバンジャン）……小さじ½
- 水溶き片栗粉
  - 片栗粉……大さじ1
  - 水……大さじ2
- サラダ油　酒　砂糖　しょうゆ
- ごま油

下準備

- なすはへたを切り、縦4等分に切る。
- しめじは石づきを切ってほぐす。
- 水溶き片栗粉の材料を混ぜる。

① なすを蒸し焼きにし、取り出す

フライパンになすを入れ、サラダ油大さじ1を加えてからめる。ふたをして強めの中火にかけ、パチパチと音がしたら中火にする。ときどき返しながら5分ほど蒸し焼きにする。こんがりと色づいたら弱火にし、さらに2分ほど蒸し焼きにして取り出す。

② ひき肉を炒め、調味する

フライパンの汚れをさっと拭き、サラダ油大さじ½を中火で熱する。ひき肉を入れてほぐしながら炒め、肉の色が変わったらしめじを加え、2分ほど炒める。豆板醤を加えてさっと混ぜ、酒大さじ2、水⅔カップを加える。煮立ったら砂糖大さじ½、しょうゆ大さじ2を加えてさっと混ぜる。ふたをして弱火にし、3分ほど煮る。

③ なすを戻し入れて仕上げる

なすを戻し入れて混ぜ、1〜2分煮る。水溶き片栗粉をもう一度混ぜてから加え、とろみがつくまで混ぜる。ごま油小さじ1を加え、さっと混ぜる。

（1人分348kcal、塩分2.9g）

なすと豚バラのみそ炒め

にんにくのきいたみそ味で、ご飯のお代わり必至！豚バラはよく炒め、カリッと香ばしく。

材料（2人分）

- なす……4個（約360g）
- 豚バラ薄切り肉……100g
- 赤パプリカ……½個
- にんにく……1かけ
- みそだれ
  - みそ……大さじ2
  - 酒……大さじ1
  - 砂糖……大さじ½
  - こしょう……少々
- 白いりごま……適宜
- サラダ油

① 材料の下ごしらえをする

なすはへたを切り、大きめの一口大の乱切りにする。パプリカはへたと種を取り、3cm四方に切る。にんにくは縦半分に切る。豚肉は幅3cmに切る。みそだれの材料を混ぜる。

② なすを蒸し焼きにし、豚肉、パプリカを炒める

P19の作り方①を参照し、なすにサラダ油大さじ1をからめて蒸し焼きにし、取り出す。フライパンの汚れをさっと拭き、サラダ油小さじ1、にんにくを入れ、香りが立つまで弱火で炒める。豚肉、パプリカを加え、余分な脂を拭きながら、豚肉がカリカリになるまで炒める。

③ なす、みそだれを加えて仕上げる

なすを戻し入れ、みそだれを加えて炒め合わせる。器に盛り、ごまを散らす。　（1人分350kcal、塩分2.3g）

ここ失敗しがち！
豚肉から出てくる脂は、ペーパータオルでていねいに拭き取って。ここでカットしておかないと、豚の臭みや脂っこさが残ってしまうので注意。

なすと鶏胸の梅しそ炒め

梅と青じその香りがさわやかな、夏にぴったりの一品。オクラのシャキッとした歯ごたえも楽しんで。

材料（2人分）

なす……4個（約360g）
鶏胸肉（小）
……1枚（約150g）
オクラ……6本
梅干し……2個（約60g）
青じその葉……5枚
サラダ油　酒　しょうゆ

① 材料の下ごしらえをする

なすはへたを切り、縦4等分に切る。オクラはへたの先を切ってがくを削る。青じそは軸を切り、縦半分に切ってから横に2つ～3つに切る。鶏肉は縦半分に切り、幅1cmのそぎ切りにする。梅干しは種を取り、梅肉を粗くたたく。

② なすを蒸し焼きにし、鶏肉、オクラを炒める

P19の作り方①を参照し、なすにサラダ油大さじ1をからめて蒸し焼きにし、取り出す。フライパンの汚れを拭き、サラダ油大さじ$\frac{1}{2}$を中火で熱する。鶏肉、オクラを加え、肉の色が変わるまで2分ほど炒め、ふたをして弱火で1～2分蒸し焼きにする。

③ なす、梅肉を加えて仕上げる

なすを戻し入れ、梅肉を加えて炒める。酒大さじ1、しょうゆ小さじ1を加えてさっと炒め、青じそを加えて混ぜる。

（1人分258kcal、塩分2.9g）

なすのラタトゥイユ風炒め

煮込み料理を、手軽な炒めものにアレンジ。トマトはくずしながら炒めると、煮込んだような甘みに。

材料（2人分）

なす……4個（約360g）
鶏もも肉（小）……1枚（約200g）
トマト（大）……1個（約200g）
玉ねぎ……$\frac{1}{2}$個（約100g）
パセリのみじん切り……大さじ2
塩　こしょう　オリーブオイル　酒

① 材料の下ごしらえをする

なすはへたを切り、大きめの一口大の乱切りにする。トマトはへたを取り、2cm角に切る。玉ねぎは横半分に切り、縦に幅3cmに切る。鶏肉は一口大に切り、塩、こしょう各少々をふる。

② なすを蒸し焼きにし、鶏肉、玉ねぎを炒める

P19の作り方①を参照し、なすにオリーブオイル大さじ1をからめて蒸し焼きにし、取り出す。フライパンの汚れをさっと拭き、オリーブオイル小さじ1を中火で熱する。鶏肉を皮目を下にして入れ、両面を3～4分焼きつける。玉ねぎを加え、しんなりするまで炒める。

③ なす、トマトを加えて仕上げる

なすを戻し入れ、酒大さじ1を加えて炒める。トマトと、塩小さじ$\frac{1}{2}$、こしょう少々、パセリを加えて混ぜ、トマトが少しくずれるまで炒める。味をみて塩適宜をたす。（1人分350kcal、塩分1.6g）

Technique 02

ほどよい歯ごたえ「塩もみ炒め」

なすが油を吸いやすいのは、身がスポンジ状だから。塩もみして脱水させることで表面の穴がギュッと縮み、吸い込む油の量が激減します。水分が抜けて身が縮まるので、しっかりした歯ごたえを楽しめますよ。

なすのしゃっきり食感って新鮮♪

食感のいい塩もみなすと細切りピーマンはベストコンビ！　甘辛いオイスターだれで仕上げます。

塩もみなすと牛肉の青椒肉絲（チンジャオロウスー）風

材料（2人分）

なす……4個（約360g）
牛こま切れ肉……120g
ピーマン……2個
オイスターだれ
- オイスターソース……大さじ2/3
- しょうゆ……大さじ1/2
- 砂糖……小さじ1
- こしょう……少々

塩　片栗粉　サラダ油　酒

下準備

- オイスターだれの材料を混ぜる。

① なすを「塩もみ」する

なすはへたを切り、長さ4cm、1cm角に切る。ボールに入れて、塩小さじ1を加えて混ぜ、10分ほどおく。水で2回ほど洗ってざるに上げ、しっかりと水けを絞る。

ここ失敗しがち！

なすは塩を混ぜたら、きちんと10分放置。しんなりする前に水けを絞ると、ポキポキ折れてしまうので注意して。

② ピーマン、牛肉の下ごしらえをする

ピーマンは縦半分に切り、へたと種を取って、幅4〜5mmの斜め切りにする。ボールに牛肉を入れて、片栗粉大さじ2/3をまぶす。

③ 牛肉、ピーマン、なすを炒めて仕上げる

フライパンにサラダ油大さじ1を中火で熱し、牛肉を入れて炒める。肉の色が変わったら、ピーマンを加え、少ししんなりとするまで炒める。なすを加えて炒め、酒大さじ1をふって、オイスターだれを加え、さっと炒める。

（1人分283kcal、塩分2.5g）

塩もみなすとひき肉のキムチ炒め

ひき肉のうまみを吸い込んだなすは、油少なめでも満足感あり！キムチの辛みでパンチを加えます。

材料（2人分）

なす……4個（約360g）
豚ひき肉……150g
白菜キムチ……100g
ねぎ……½本
塩　サラダ油　酒　しょうゆ

なすを塩もみする

なすはへたを切り、一口大の乱切りにする。P23の作り方①を参照して塩もみする。ねぎは幅1cmの斜め切り、キムチは大きければ食べやすく切る。

ひき肉と野菜を炒める

フライパンにサラダ油大さじ1を中火で熱し、ひき肉を入れて炒める。肉の色が変わったら、なす、ねぎを加え、ねぎがしんなりとしたらキムチを加えて炒める。酒大さじ1、しょうゆ小さじ1を加え、さっと炒め合わせる。

（1人分290kcal、塩分2.7g）

「塩もみ炒め」でもう一品！

「ゴーヤーチャンプルー」のおいしいコツ

夏だけに味わえる旬野菜、ゴーヤー。
ここ数年、庭や家庭菜園で育てる人も増えました。
独特の苦みが魅力ですが、「苦すぎない」よう工夫をすれば、
大人も子どももぐっと食べやすく。
そのコツは、ゴーヤーの下ごしらえにあるんです。

料理／藤井 恵　撮影／寺澤太郎
スタイリング／しのざき たかこ
熱量・塩分計算／五戸美香（ナッツカンパニー）

王道の

ゴーヤーチャンプルー

ゴーヤー独特の強い苦みをカットするポイントは、「塩もみ」と「油で炒める」こと。
ほろ苦くも塩けのきいた、シャキッとしたゴーヤーは絶品。いり卵やおかかと合わせ、うまみのある味わいに仕上げます。

材料（2人分）

ゴーヤー……**1本（約300g）**
木綿豆腐……**1丁（約300g）**
溶き卵……**1個分**
花がつお（なければ削り節）……**10g**
塩　ごま油　サラダ油
砂糖　しょうゆ

下準備

- 豆腐は横半分に切り、さらに厚みを半分に切って、2切れずつペーパータオルで包む。バットに、底の平らな皿を裏返して、少し傾く状態でのせる。その上に、ペーパータオルに包んだ豆腐をのせ、さらに平皿を重ねる（写真右）。ペットボトルや塩の袋など約2kgの重しをのせ、20分ほどおく。

豆腐もたっぷり、おなかいっぱいになる！

ゴーヤーの種とわたを取る

ゴーヤーを縦半分に切り、種とわたをスプーンでこそげ取る。うっすらと緑色の身の色が見えてきたらOK。

ほろ苦いけど、苦すぎないね。

ここ失敗しがち！
塩をふったら、水分が出るまであせらず時間をおいて。苦みのある成分もいっしょに抜けます。

2

ゴーヤーを塩もみする

ゴーヤーを横に幅2〜3mmに切ってボールに入れ、塩小さじ1/2をふって混ぜる。そのまま10分ほどおき、しんなりしたらざっと水で洗い、水けをしっかりと絞る。

豆腐を焼きつける

フライパンにごま油大さじ1/2を中火で熱し、豆腐を手で一口大にちぎりながら入れる。両面をそれぞれ2〜3分ずつ焼き、こんがりと色づいたらいったん取り出す。

ゴーヤーを炒める

フライパンにサラダ油大さじ1/2を中火で熱し、ゴーヤーを入れて全体に油が回るまで炒める。

ここ失敗しがち！
ゴーヤーだけを先に炒めないと、油でのコーティングがうまくいかず、苦みが残ってしまいます。炒める順番が大事！

花がつおを加える

豆腐を戻し入れ、花がつおの2/3量を、手でもみながら加えて、全体をざっと混ぜる。

味つけをする

砂糖小さじ1、塩小さじ1/2、しょうゆ小さじ1〜2を加え、全体をざっと混ぜながら1〜2分炒める。しょうゆは鍋肌から回し入れると、香ばしさが引き立つ。

溶き卵を加える

溶き卵を回し入れ、上下を返すようにしながら手早く炒める。卵に火が通ったら器に盛り、残りの花がつおをのせる。（1人分248kcal、塩分2.1g）

ゴーヤーとキャベツのみそチャンプルー

「みそ味」でこっくりと!

材料（2人分）

ゴーヤー……1本（約300g）
キャベツの葉……4枚（約200g）
木綿豆腐……½丁（約150g）
溶き卵……1個分
花がつお（なければ削り節）……10g
みそだれ
　みそ……大さじ1½～2
　酒……大さじ1
　砂糖……大さじ½
塩　ごま油　サラダ油

① キャベツの葉はしんを切って半分に切り、横に幅2cmに切る。みそだれの材料を混ぜる。

② P26～27の下準備、作り方を参照し、同様に作る。ただし、作り方③で豆腐を焼いて取り出したあと、サラダ油大さじ½を強めの中火で熱してキャベツをさっと炒め、中火にしてゴーヤーを加える。また、作り方⑥でみそだれで味つけする。

（1人分252kcal、塩分1.8g）

ゴーヤーとランチョンミートのカレーチャンプルー

「カレー味」でスパイシーに!

材料（2人分）

ゴーヤー……1本（約300g）
ポークランチョンミート
　……½缶（約170g）
木綿豆腐……½丁（約150g）
溶き卵……1個分
カレー粉……小さじ1
塩　ごま油　サラダ油　砂糖　酒

① ランチョンミートは幅5mmの一口大に切る。

② P26～27の下準備、作り方を参照し、同様に作る。ただし、作り方③で豆腐を焼いて取り出したあと、サラダ油大さじ½を中火で熱し、ランチョンミートの両面をそれぞれ2分ほど焼きつけてから、ゴーヤーを加える。また、作り方⑥で加えるしょうゆを酒小さじ2に替え、カレー粉を加える。（1人分422kcal、塩分3.3g）

野菜たっぷり!

「ソーミンチャンプルー」もおいしい。

そうめんや野菜を炒め、
ビーフン感覚で食べるひと皿ごはん。
そうめんをぱらりと
仕上げるのがポイントです。

材料（2人分）

そうめん……3束（約150g）
にんじんのせん切り
……$\frac{1}{3}$本分（約50g）
ピーマンの細切り……2個分
ウインナソーセージの斜め薄切り
……4本分
サラダ油　塩　酒　しょうゆ

そうめんをゆで、油をからめる

鍋にたっぷりの湯を沸かし、そうめんを袋の表示より30秒ほど短めにゆでる。ざるに上げて冷水にとり、よくもみ洗いする。ぬめりが取れたら、しっかりと水けをきり、ボールに移す。サラダ油大さじ1を回しかけ、全体によくからめる。

野菜とソーセージを炒める

フライパンにサラダ油大さじ2を中火で熱し、にんじんをさっと炒める。ソーセージとピーマンを加え、1〜2分炒める。

そうめんを加えて炒める

そうめんをほぐしながら加え、全体を混ぜる。塩小さじ$\frac{1}{2}$〜$\frac{2}{3}$、酒大さじ$\frac{1}{2}$を加え、しょうゆ少々を鍋肌から回し入れて、1〜2分炒める。

（1人分585kcal、塩分2.9g）

塩ゆでより甘い、濃い！「焼き枝豆」のすすめ

旬の枝豆のおいしさを引き出す、
新たな食べ方がこちら。
フライパンでじっくりと焼くことで、
枝豆がより甘く、
より濃い味わいになるんです。
つまみだしたら、
もう手が止まらなくなりそう。

料理／小田真規子
撮影／高杉 純
スタイリング／渡会順子
熱量・塩分計算／五戸美香（ナッツカンパニー）

枝豆って甘いんだなーって実感！

焼いた香ばしさがたまらないなぁ。

材料（作りやすい分量）

枝つきの枝豆……250g
塩水
- 塩……小さじ1/2
- 水……1/2カップ

塩　サラダ油

下準備
- 枝豆は豆ぎりぎりの位置でさやを枝から切り離す（枝つきでない場合も同様に片側を切る）。
- 塩水の材料を混ぜる。

じわじわと温度を上げながら焼くことが秘訣。「酵素」が最大限に働いて、甘く、濃い枝豆に！

まずは枝豆のうぶ毛を取り

枝豆をボールに入れ、塩小さじ1をふってかるくもみ、表面のうぶ毛を取る。さっと水洗いし、水けを拭く。

じっくり焼きつけて！

フライパンにサラダ油大さじ1を中火で熱し、枝豆を広げ入れて3〜4分焼く。片面が色づいたら（写真中）、全体を炒めるようにして、さらに2分焼く。

水を加え、蒸気で火を通す

塩水を枝豆全体に回しかける。強火にして水けがなくなるまで炒め合わせ、器に盛る。

（1/2量で112kcal、塩分1.0g）

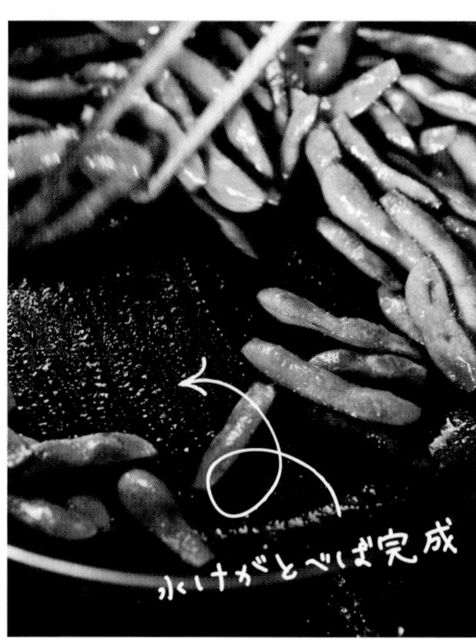

「焼き枝豆」が甘くて濃い理由

さやごとじっくり焼きつける「焼き枝豆」は、塩ゆでと比べて酵素が活性化する50℃前後をゆっくり通るのが特徴。でんぷんは糖に、たんぱく質はアミノ酸になり、甘みとうまみが引き出されるんです！　焼くと水分が抜けて味が凝縮し、香ばしさが加わるのもおいしさのポイント。

さやに味をからめて。

お酒に合わせて、さやに味をつけるのもオツ。ほどよく辛みをきかせ、よりおつまみらしく。

香ばしいしょうゆと
バターのこくがあとを引く！

バターしょうゆ味

材料（作りやすい分量）

枝つきの枝豆……**250g**
バターしょうゆ
- **バター**……**5g**
- **しょうゆ**……**小さじ2**

塩水
- **塩**……**小さじ½**
- **水**……**½カップ**

塩　サラダ油　バター
粗びき黒こしょう

作り方

P31の下準備と作り方を参照し、同様に作る。ただし、作り方③で水けが少しとんだら、バターしょうゆの材料を加え、汁けがなくなるまで炒める。器に盛り、バター適宜をのせ、粗びき黒こしょう適宜をふる。

（½量で134kcal、塩分1.7g）

にんにくと赤唐辛子でパンチをプラス。

ペペロンチーノ味

材料（作りやすい分量）

枝つきの枝豆……**250g**
にんにくのみじん切り……**1かけ分**
赤唐辛子の輪切り……**1本分**
塩水
- **塩**……**小さじ½**
- **水**……**½カップ**

塩　オリーブオイル

作り方

P31の下準備と作り方を参照し、同様に作る。ただし、作り方②でサラダ油をオリーブオイル大さじ1½に替える。また③で水けが少しとんだら、にんにく、赤唐辛子、塩少々を加える。汁けがなくなるまで炒め、器に盛る。

（½量で136kcal、塩分1.0g）

チーズの塩けで、枝豆の甘みが際立ちます。

枝豆チーズディップ

材料（作りやすい分量）

P30「焼き枝豆」（さやから出したもの）……110g
クリームチーズ……50g
バゲットの薄切り……適宜
塩　粗びき黒こしょう

作り方

クリームチーズは室温にもどしておく。焼き枝豆をボールに入れる。ラップを上からはりつけてめん棒で粗くつぶし、クリームチーズと、塩小さじ1/8を加えて混ぜる。バゲットの薄切りにのせ、粗びき黒こしょう少々をふって食べる。

（1/2量で376kcal、塩分2.6g）

粗つぶしディップに。

つぶしても風味がしっかり残るのは、
甘みが濃厚な「焼き枝豆」ならでは。

ちぎった焼きのりが風味豊か。

のりゆずこしょう味

材料（作りやすい分量）

枝つきの枝豆……250g
焼きのり（全形）……1/2枚
ゆずこしょう……小さじ1
塩水
塩……小さじ1/2
水……1/2カップ
塩　サラダ油

作り方

P31の下準備と作り方を参照し、同様に作る。ただし、作り方③で水けが少しとんだら、ゆずこしょうを水大さじ1で溶いて加える。汁けがなくなったら、焼きのりを小さくちぎって加え、ひと混ぜする。

（1/2量で115kcal、塩分1.6g）

とうもろこしでかき揚げと

とうもろこしだけのかき揚げ

とうもろこしそのものを味わいたいから、
ころもは最小限に。サクサクの食感と、
口じゅうに広がる甘みは格別。

夏の短い間しか味わえない、フレッシュなとうもろこし。やさしい甘みや粒の食感は、この上ないごちそうです。かき揚げや炊き込みご飯で、おいしさを満喫しませんか？「とうもろこしだけ」をふんだんに使った、ぜいたくな一品です。

料理／大庭英子
撮影／大沼ショージ
スタイリング／佐々木カナコ
熱量・塩分計算／本城美智子

炊き込みご飯

ん〜、香ばしい。わざわざ焼いた意味あるね。

ご飯もほんのりとうもろこし味になってる！

焼きもろこしの炊き込みご飯

とうもろこしは炊く前に香ばしく焼き、
香りを引き出します。
炊きたてのご飯とほおばれば、至福のときに。

とうもろこしだけのかき揚げ

材料（3～4人分）

とうもろこし（小）
……2本（440～460g）

ころも※

- 溶き卵……1/2個分
- 冷水……70～80mℓ
- 小麦粉……1/2カップ

レモンのくし形切り……適宜

小麦粉　サラダ油　塩

※ころもは多めにできる。写真②の状態を目安に、加える分量を調整して。

しんから身を切り取る

とうもろこしは皮をむき、ひげを取る。包丁の刃先で、身全体の表面にごく浅い切り込みを入れる。さらに長さを4等分に切って、立てて置き、身の根元から少し離して切り取る（正味約240g）。ボールに入れる。

ここ失敗しがち！
とうもろこしを揚げて油はねするのは、身が破裂するとき。切り目を入れ、水分や空気の逃げ道を作っておくことが肝心です。

ころもを作り、からめる

計量カップに溶き卵を入れ、冷水と合わせて1/2カップにする。小麦粉を加え、粉が少し残る程度に混ぜる。とうもろこしのボールに小麦粉大さじ1を加えてまぶす。ころもを様子をみながら少しずつ加え、そのつど菜箸で混ぜる。

ここ失敗しがち！
ころもはくれぐれも混ぜすぎないことが大事。小麦粉から粘りが出ると、サクッと仕上がりません。

3

油にそっと入れる

フライパンにサラダ油を高さ3cmくらい注ぎ、高めの中温※に熱する。②の1/10量を木べらにのせ、直径5cmくらいに整え、菜箸ですべらせるようにして油に入れる。同じ要領で合計5個分を油に入れる。

※180℃。ころもを数滴落とすと、底近くまで沈んで、すぐに浮いてくる程度。

揚げる

最初はくずれやすいのでさわらず、固まってきたら上下を返し、2分～2分30秒揚げる。揚げすぎも破裂の原因になるので注意。取り出して油をきり、残りも同様にする。器に盛り、レモンと、塩適宜を添える。（1/4量で266kcal）

焼きもろこしの炊き込みご飯

材料（3～4人分）

とうもろこし（小）……1本（220～230g）
米……2合（360mℓ）
酒　塩

下準備

- 米は炊く1時間前に洗い、ざるに上げて20～30分おく。口径18～20cmの厚手の鍋に入れ、水2カップを加え、20～30分おいて浸水させる。
- とうもろこしは皮をむき、ひげを取る。

①

とうもろこしを焼く

ガス台に焼き網をのせ、とうもろこしを置く。強火にかけ、全体に焼き色がついたら火を止め、粗熱を取る。このあと炊くので、中まで火が通る必要はなく、表面が焦げればOK。

②

しんから身を切り取る

とうもろこしの長さを4等分に切り、立てて置いて身を切り取る（正味約120g）。米の鍋に酒大さじ2、塩小さじ$\frac{1}{2}$を加えて混ぜ、とうもろこしをのせる。

鍋で炊く

鍋にふたをし、5分ほど中火にかけて煮立て、そのまま2～3分炊く。弱火にして10～12分炊き、火を止めてそのまま10分ほど蒸らす。ふたを取り、底からさっくりと返すように混ぜる。

（$\frac{1}{4}$量で284kcal、塩分0.8g）

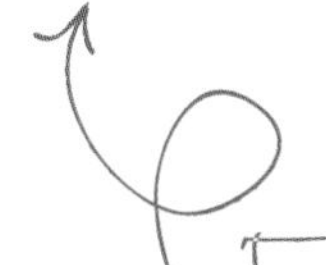

ここ失敗しがち！
身をとるときは、なるべく無駄にしないように！　しんが6角形～8角形になるように切り取るとベストです。

「まるごと冷凍」できる!

なす、ピーマン、きゅうりなど水分の多い夏野菜は、あっという間にダメになりがち。
しなしなになる前に、「まるごと冷凍」するのが賢い選択。手間なく簡単に冷凍できるうえ、
凍ったまま切ったり食べたりできる野菜も。これはやらない手はありません!

監修・料理・スタイリング／島本美由紀　撮影／南雲保夫　熱量・塩分計算／五戸美香（ナッツカンパニー）

夏野菜は

「まるごと冷凍」
3つのメリット！

1

袋に入れるだけ！

切ったり、ラップに包んだりという手間がないからラクチン。野菜の表面の水けを拭いたら、冷凍用保存袋に入れるだけです。

すぐに切って使える！

たいていの野菜は、常温に5〜10分※置くだけで好きな形に切れます。またピーマン、いんげんなどは凍ったまま切ることも可能。

保存期間は約1カ月半！

野菜を「切って」冷凍保存する場合、保存期間は約1カ月。しかし「まるごと」なら劣化しにくいので、保存期間がのびるんです。ただし、きゅうりは1カ月以内に食べきって。

※冷凍して2週間以上たつと解凍に時間がかかるようになります。常温に5〜10分置いても切りにくい場合は、さらに数分おいてください。

なす

切れるタイミング● 半解凍（常温5分）
食べ方● 凍ったまま加熱／生

生と同様に使えて便利！

半解凍で切れるので、炒めもの、煮ものなど生と同様のメニューに使え、火の通りもスピーディ。また、まるごと電子レンジで加熱すれば、柔らかな蒸しなすに。ただし、冷凍するとなす独特のにおいが強くなるので、濃いめの味つけがおすすめ。

凍ったまま「まるごとチン」で蒸しなす完成！

凍ったなすを耐熱皿にのせ、ラップなしで電子レンジで1個なら3分、2個なら4分30秒ほど加熱すれば蒸しなすに。水にさらしながら裂くとアクが抜け、変色も防げる。

＼食べ方アイディア！／

まるごと蒸しなす

材料（2人分）と作り方

冷凍なす2個（約160g）は電子レンジで4分30秒加熱し、水にさらしながら食べやすく裂く。へたを切って水けを絞り、器に盛る。ねぎのみじん切り大さじ1、しょうがのすりおろし1/2かけ分、しょうゆ大さじ1、ごま油大さじ1/2、酢、白すりごま各小さじ1、砂糖ひとつまみを混ぜ、なすにかける。

（1人分64kcal、塩分1.3g）

ピーマン

切れるタイミング● 凍ったまま
食べ方● 凍ったまま加熱／生

凍ったまま切れて便利！

中が空洞のピーマンは、解凍なしで切れ、そのまますぐに使えます。炒めものや煮ものなどいつもどおりに使えるうえ、火の通りはあっという間。また、解凍して水けを絞れば、おひたしの感覚で生で食べられます。

＼食べ方アイディア！／

生ピーマンの卵黄あえ

材料（2人分）と作り方

冷凍ピーマン4〜5個は縦半分に切り、へたと種を取る。横に幅5mmに切り、5分ほどおいて水けを絞る。器に盛り、中央に卵黄1個分をのせる。削り節適宜と、好みでポン酢しょうゆ適宜をかける。

（1人分52kcal、塩分0.4g）

きゅうり

切れるタイミング● 半解凍（常温5分）
食べ方● 生

シャリシャリ食感が美味。

冷凍すると繊維が壊れ、歯ざわりがさらに強くなるきゅうり。半解凍にして薄切りにすれば、独特のシャリシャリとした食感が楽しめます。冷ややっこにのせたり、麺のつけつゆに混ぜたりすると◎。水分が多いので、保存期間は1カ月が目安。

＼食べ方アイディア！／

凍りきゅうりと豚しゃぶの冷ややっこ

材料（2人分）と作り方

1. 豚バラ薄切り肉（しゃぶしゃぶ用）100gは長さを半分に切る。1切れずつ熱湯でゆで、ざるに上げる。半解凍したきゅうり1本は薄い輪切りにし、豚肉とさっと混ぜる。

2. 水けをきった木綿豆腐1丁（約300g）を器に盛り、豚肉ときゅうりをのせる。コチュジャン、砂糖、酢各大さじ1、白すりごま大さじ½を混ぜてかける。

（1人分331kcal、塩分0.7g）

ゴーヤー

切れるタイミング● 半解凍（常温10分）
食べ方● 凍ったまま加熱／生

苦みが抜けて食べやすく。

冷凍する最大のメリットは、苦みがカットできること。冷凍して細胞が壊れているため、切ってから10秒ほど水にさらせば、苦みがやわらぎます。冷凍前と同様に炒めもの、煮ものなどに使え、火の通りは早くなります。

とうもろこし

切れるタイミング● 半解凍（常温10分）
食べ方● 凍ったまま加熱

半解凍で身がそげる！

鮮度が落ちると甘みが減るとうもろこしは、ぜひ冷凍したい野菜。食べるときは凍ったまままるごとゆでればOK。また、半解凍して身をこそげれば、そのままコーンバターやスープに使えます。すべりやすいので、しっかり押さえながらこそげて。

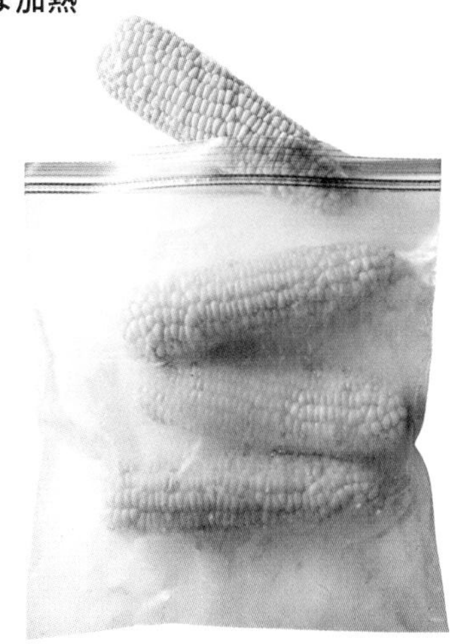

さやいんげん

切れるタイミング● 凍ったまま
食べ方● 凍ったまま加熱／生

凍ったまま折って使える！

凍ったまま、好きな長さにポキポキと折って使えるいんげん。火の通りは早くなり、柔らかい食感になります。色がくすむことがあるので、しょうゆ、みそなどを使った色の濃いめのメニューに。また常温で解凍して水けを絞れば、生のままでも食べられます。

枝豆

切れるタイミング● 凍ったまま
食べ方● 凍ったまま加熱

味も食感もほぼ変化なし。

とうもろこし同様、鮮度が落ちやすい枝豆。冷凍すれば、約1カ月半おいしさをキープできます。冷凍前と同様に調理できて、味や食感はほとんど変化なし。シンプルに塩ゆでしたり、オリーブオイルと塩をかけてオーブンで焼いたりするのもおすすめ。

野菜のいまどき冷凍術❷

トマトも「まるごと冷凍」がいい！

おいしさも栄養もメリットあり。

リコペン（リコピン）、ビタミンCなどの栄養素を逃がさず、1カ月保存できる！

凍らせると、うまみの多いゼリー部分と身が一体化。味が濃く感じる！※

※品種によってはゼリー部分が少なく、凍らせても味が濃く感じにくいものもあります。

太陽の光をさんさんと浴び、
栄養たっぷりの夏のトマト。
たくさん手に入って使いきれないときは、
迷わず冷凍を。
袋に入れて凍らせるだけで、
おいしさも栄養も
そのままキープできますよ！

料理／小田真規子
撮影／岡本真直
スタイリング／佐々木カナコ
熱量・塩分計算／五戸美香（ナッツカンパニー）

へたを取って袋に入れたら……

トマトは洗って水けを拭き、へたを包丁の刃先でくりぬいて。冷凍用保存袋に入れ、空気を抜いて口を閉じ、バットにのせて冷凍庫へ。バットは熱伝導のよいステンレスやアルミ製のものがおすすめです。

凍らせるだけ!

冷凍庫に12時間ほど置けば、中まで完全に凍ります。保存するときは、バットを取ってOK。

●冷凍で1カ月保存OK

プチトマトも冷凍できます。

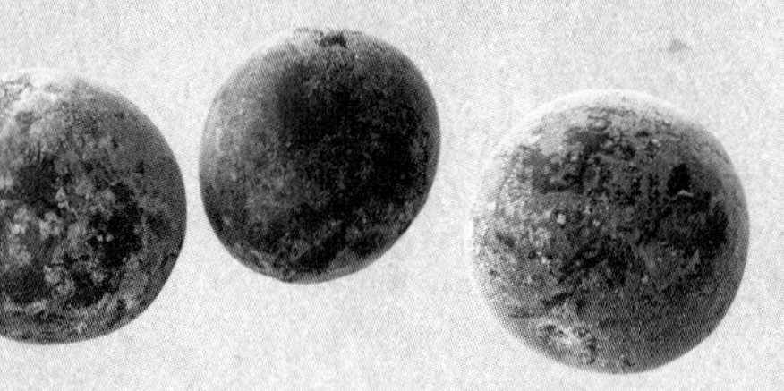

へたをちぎり取るだけでいいプチトマトは、冷凍するのもより手軽。また、生では皮をむきづらいですが、冷凍なら凍ったままさっと水にさらすだけで皮がむけます。使うときは冷凍トマト1個分をプチトマト15～20個に置き換えて。

皮をむいて「ピクルス」がおすすめ。

材料(作りやすい分量)と作り方

冷凍プチトマト15～20個は水にさっとつけ、皮をむく。水けを拭き、清潔な保存容器に入れる。酢½カップ、砂糖大さじ3、塩小さじ1、あれば黒粒こしょう10粒、水⅔カップを混ぜる。保存容器に注ぎ、10分以上おく。冷蔵で1週間ほど保存可能。

(全量で82kcal、塩分1.8g)

シャーベットのようなシャリシャリ感。

「冷製くずしトマト」にして

くずし方

冷凍トマトを耐熱皿にのせ、ラップをかけて電子レンジで40〜50秒加熱。厚手のポリ袋に入れて口を閉じ、袋ごとふきんでくるみ、めん棒で少しかたまりが残るくらいまでたたいて。

ここ失敗しがち！
堅くてくずれにくい場合は、加熱時間を追加します。完全に溶けるとNGなので、半解凍をめざして少しずつ追加して。

豚肉は熱いうちに盛ってOK！　トマトがひんやりと冷やしてくれます。

冷製トマトの豚しゃぶサラダ

1.野菜を水にさらし、たれを作る

サニーレタスはねぎとともに水に10分ほどさらす。水けをしっかりときり、器に盛る。しょうゆだれの材料を混ぜる。肉に小麦粉小さじ1をまぶす。

2.肉をゆで、冷凍トマトとともに盛る

鍋に湯1ℓを沸かす。水1カップを加えて湯の温度を下げ、肉を一度に加えて火を止める。そっと混ぜながら余熱で2〜3分火を通し、水けをきって**1**の器に盛る。冷凍トマトは右記を参照してくずしてのせ、しょうゆだれをかける。全体をよく混ぜながらいただく。（1人分327kcal、塩分2.7g）

材料（2人分）

P43「冷凍トマト」……1個
豚肩ロース薄切り肉（しゃぶしゃぶ用）……200g
ちぎったサニーレタスの葉……3枚分（約80g）
ねぎの斜め薄切り……50g
しょうゆだれ
しょうゆ、酢……各大さじ2
砂糖、ごま油……各小さじ1
小麦粉

うまみのある冷凍トマトをソース代わりに。あとはオイルと酢で充分！

冷製トマトのカルパッチョ

材料（2人分）

- P43「冷凍トマト」……1個
- 白身魚（鯛、すずきなど）の刺し身（さく）……150〜200g
- 紫玉ねぎの薄切り……1/4個分
- ベビーリーフ……30g
- 塩　オリーブオイル　酢　こしょう

1.刺し身を切り、野菜と盛る

紫玉ねぎ、ベビーリーフを混ぜ、水に10分ほどさらして水けをしっかりときる。刺し身はそぎ切りにし、器に中央をあけて盛る。塩小さじ1/3〜1/2をふり、中央に紫玉ねぎとベビーリーフをのせる。

2.冷凍トマトを散らす

冷凍トマトは右記を参照してくずし、刺し身に散らす。オリーブオイル大さじ1、酢小さじ1、こしょう少々をかける。全体をからめながらいただく。

（1人分225kcal、塩分1.1g）

香味野菜入りの甘酢だれが、トマトのうまみを引き立てます。

冷製トマトのキムチあえ麺

1.麺をゆで、具を切る

鍋に湯を沸かし、中華麺を袋の表示どおりゆでる。ざるに上げて流水で洗い、水けをしっかりときって器に盛る。貝割れは根元を切る。キムチは食べやすく切る。

2.冷凍トマトとたれをかけ、具を盛る

甘酢だれの材料を混ぜる。冷凍トマトは右記を参照してくずし、甘酢だれに加えて混ぜる。麺のまわりにかけ、貝割れ菜、キムチ、温泉卵をのせる。卵をくずしてからめながらいただく。

（1人分504kcal、塩分6.0g）

材料（2人分）

- P43「冷凍トマト」……2個
- 中華生麺……2玉
- 白菜キムチ……80g
- 貝割れ菜……20g
- 温泉卵……2個
- 甘酢だれ
  - しょうがのすりおろし……1かけ分
  - にんにくのすりおろし……1/2かけ分
  - 酢……大さじ2
  - はちみつ……大さじ1
  - 塩……大さじ1/2

いまどき じゃがいもレシピ

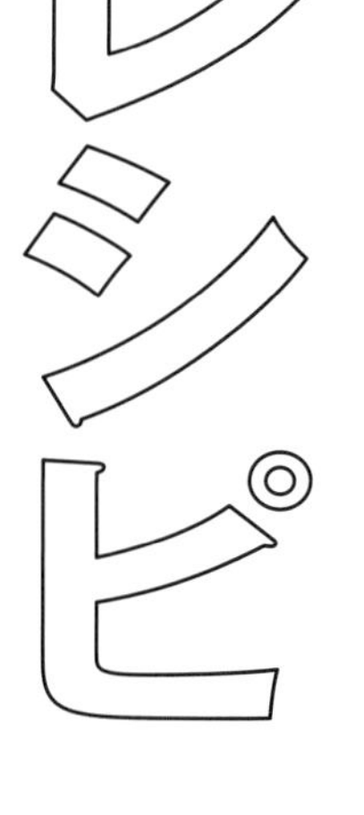

おうちに人をよぶ日は、大人も子どもも盛り上がる
「じゃがいも料理」を選ぶのが正解！
みんなの心と胃袋をぐっとつかむ愛されメニューを、
あれこれご紹介します。見た目のインパクト大だから、
思わず写真に撮って自慢したくなりそう♪

料理／市瀬悦子
撮影／田村昌裕
スタイリング／しのざきたかこ
熱量・塩分計算／本城美智子

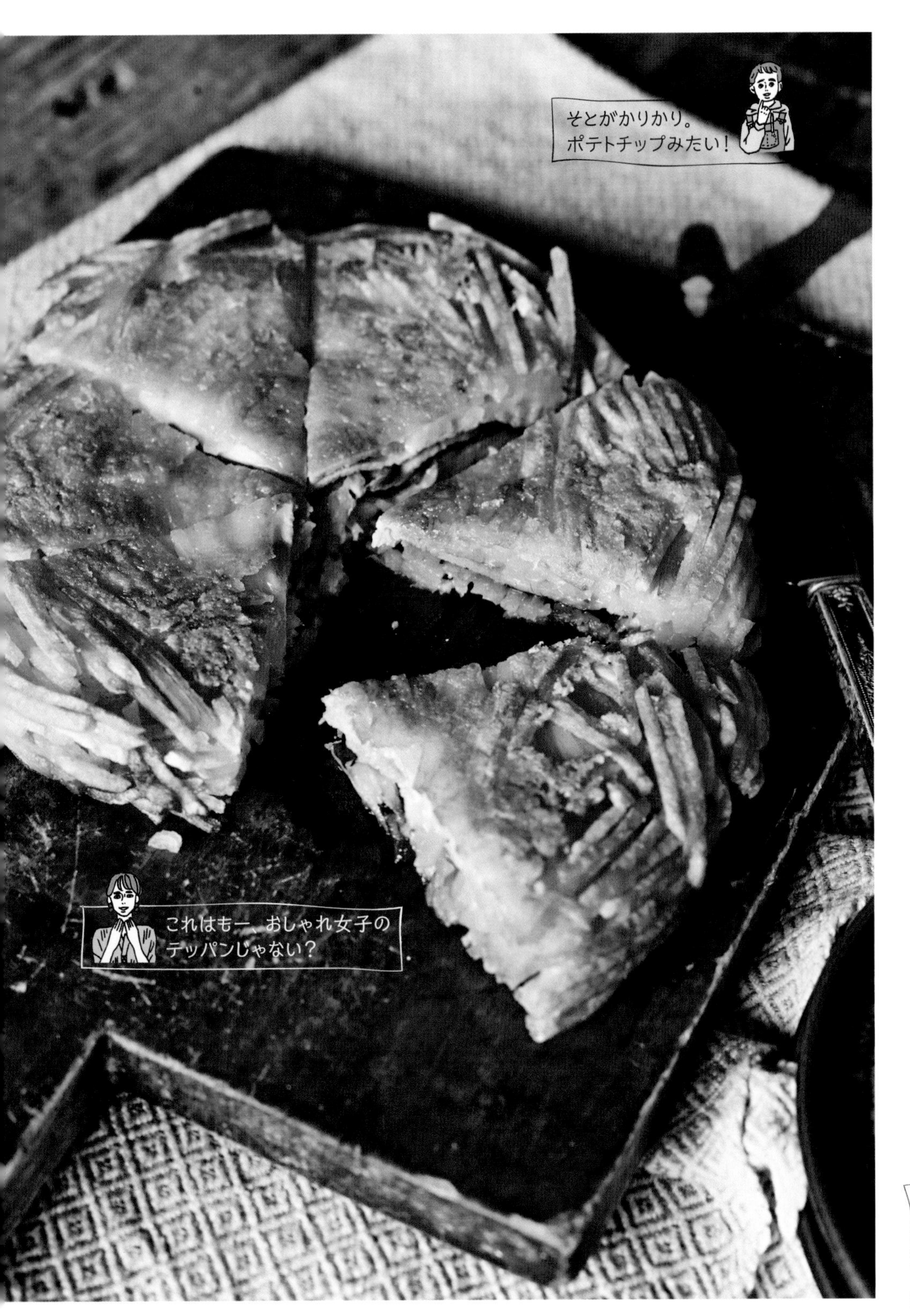

材料（2〜3人分）

じゃがいも……3個（約450g）
ロースハム……4枚
青じその葉……8枚
ピザ用チーズ……70g
オリーブオイル　塩

材料の下ごしらえをする

じゃがいもは皮をむき、あればスライサーで幅3㎜のせん切りにする（焼くときにいも自体のでんぷんでくっつくので、水にさらさない）。

フライパンに重ねる

直径20㎝のフライパンにオリーブオイル大さじ2を中火で熱し、じゃがいもの$\frac{1}{2}$量を全体に広げて入れる。縁から3㎝あけて、チーズ、ハム、青じそを順に広げて重ねる。さらに、残りのじゃがいもをまんべんなくのせる。

両面を焼く

フライ返しで押しながら、まわりが透き通るまで7分ほど焼く。皿をかぶせて押さえ、フライパンごと裏返して皿にのせる。フライパンに戻し入れ、オリーブオイル大さじ1を縁から加え、まわりを丸く整えながら7分ほど焼き、塩少々をふる。

（$\frac{1}{3}$量で333kcal、塩分1.4g）

ここ失敗しがち！
最初の7分でいもをギューッと押さえながら焼くのが肝心。ここでくっつけておかないと、裏返すときくずれやすくなります。

ハムとチーズの塩けが食欲そそるアクセントに！　たっぷりはさんだ青じその香りがさわやかです。

ハムチーズガレット

「こんがりポテト」をSCOOOOOP!

材料(2〜3人分)

じゃがいも……3個(約450g)
ベーコン(ブロック)……70g
にんにくの薄切り……½かけ分
生クリーム……⅔カップ
粉チーズ……大さじ3
塩　こしょう　パン粉
オリーブオイル

下準備

- オーブンを200℃に温めはじめる。

材料の下ごしらえをする

じゃがいもは皮をむき、幅2mmの輪切りにする。ベーコンは7〜8mm角の棒状に切る。生クリームと、塩小さじ⅓、こしょう少々を混ぜる。パン粉大さじ2に、オリーブオイル小さじ1を混ぜてなじませる。

耐熱皿に重ね入れる

19×14cmの耐熱皿にじゃがいもの⅓量を広げ入れ、にんにくの½量を散らす。残りのじゃがいもの½量、残りのにんにく、残りのじゃがいも、ベーコンを順に重ねる。①の生クリーム液を注ぎ、①のパン粉と、粉チーズを散らす。

オーブンで焼く

200℃のオーブンに入れ、表面がこんがりとするまで30〜35分焼く。途中、焦げそうならアルミホイルをかぶせる。

(⅓量で439kcal、塩分1.4g)

フランスで愛されつづけるポテトグラタン。
生クリームをたっぷり含んだじゃがいもの、
むちっとした食感が新鮮！

グラタン ドフィノワ

じゃがいもはマッシュと角切りを合わせ、食感を楽しみます。
少ない油で揚げ焼きにする手軽さも魅力！

ハッシュドポテト

材料（4個分）

じゃがいも……2個（約300g）
ベーコン（厚切り）……2枚
牛乳……大さじ3 1/2
レモンケチャップ
- レモン汁……大さじ1/2
- トマトケチャップ……大さじ1 1/2

小麦粉　塩　こしょう　サラダ油

① 材料の下ごしらえをする

じゃがいも1個はよく洗い、皮つきのまま水けを拭かずにラップで包む。電子レンジで2分ほど加熱して上下を返し、さらに1分30秒～2分加熱する。皮をむいてボールに入れ、フォークでなめらかにつぶす。残りのじゃがいもは皮をむき、生のままベーコンとともに5mm角に切る。

② たねを作る

別のボールに、牛乳と、小麦粉大さじ3、塩小さじ1/4、こしょう少々を混ぜ、生のじゃがいも、ベーコンを加えてからめる。つぶしたじゃがいもを加え、全体がなじむまでしっかりと混ぜる。

③ 成形して焼く

フライパンにサラダ油を薄く塗る。②を1/4量ずつ入れ、スプーンで厚さ1.5cmの小判形に整える。サラダ油大さじ3を入れて中火にかけ、5分ほど焼いて裏返し、弱めの中火で3分ほど焼く。強火にして1分ほど焼き、取り出して油をきる。器に盛り、レモンケチャップの材料を混ぜて添える。

（1個分130kcal、塩分0.8g）

「皮つき＝ジャケットを着ている」が由来の、イギリス風ベイクドポテト。

ジャケットポテト

材料（2人分）

じゃがいも……2個（約300g）
コンビーフ缶詰（100g入り）……1/2缶
ミックスビーンズ（ドライパック）……50g
ケチャップソース
- トマトケチャップ……大さじ2
- 中濃ソース、オリーブオイル……各大さじ1/2
- タバスコ®、粗びき黒こしょう……各少々

ピザ用チーズ……50g
パセリのみじん切り……適宜
粗びき黒こしょう

① じゃがいもをレンジ加熱する

じゃがいもはよく洗い、皮つきのまま水けを拭かずに1個ずつラップで包む。電子レンジで3分ほど加熱して上下を返し、さらに2分30秒ほど加熱する。十文字に深く切り込みを入れ、耐熱皿にのせる。

② ソースとチーズをのせ、焼く

ボールにコンビーフを入れてほぐし、ケチャップソースの材料、ミックスビーンズを順に加えて混ぜる。①の切り込みをかるく開き、ソース、チーズの順に1/2量ずつのせる。オーブントースターに入れ、こんがりするまで8～9分焼く。パセリを散らし、粗びき黒こしょう少々をふる。

（1人分339kcal、塩分2.1g）

「マウンテンポテト」を
SCOOOOOOP!
山でインパクト
をねらえ。
レタスでアクセントをつけながら、
上へ上へと積んで！
粒マスタードの酸味とコーンの甘みがよく合います。
コーンとソーセージの
ポテサラ

材料（2〜3人分）

じゃがいも……**2個（約300g）**
ウインナソーセージ……**3本**
ホールコーン（缶詰）……**大さじ2**
リーフレタスの葉……**1枚（約20g）**
粒マスタード……**小さじ2**
オリーブオイル　酢　塩
こしょう　マヨネーズ

下準備

- ソーセージは幅5mmの輪切りにし、耐熱皿に並べて、ラップをかけずに電子レンジで30秒加熱する。

材料の下ごしらえをする

じゃがいもはよく洗い、皮つきのまま水けを拭かずに1個ずつラップで包む。電子レンジで3分加熱して上下を返し、竹串がすーっと通るまで2分30秒加熱する。温かいうちに皮をむいてボールに入れ、フォークでなめらかにつぶす。

味つけし、具を加える

①が温かいうちに、粒マスタードと、オリーブオイル大さじ$\frac{1}{2}$、酢小さじ1、塩、こしょう各少々を加え、混ぜてさます。マヨネーズ大さじ3〜4を加えて混ぜ、ソーセージ、コーンを加えてさっと混ぜる。

レタス、ポテサラを交互に重ねる

リーフレタスを5つ〜6つにちぎる。3〜4切れを、器の中央に少し重ねて敷く。ポテトの$\frac{2}{3}$量を重ねて表面を平らにし、残りのレタスをのせる。残りのポテトをのせ、全体が山形になるように整える。

（$\frac{1}{3}$量で244kcal、塩分1.0g）

ここ失敗しがち！
「マウンテン」が倒れないためには、最初が肝心。1段目のポテサラの表面を平らにならしておけば、2段目も平行に重ねられます。

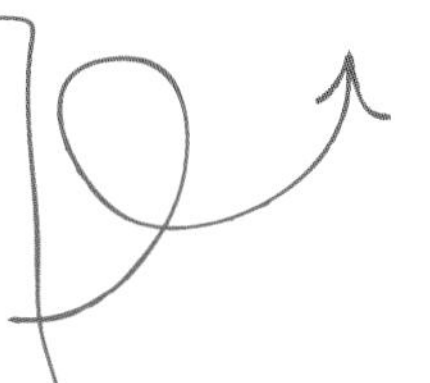

つぶしたじゃがいもを片栗粉と合わせ、じっくり蒸し焼きに。
甘めのしょうゆだれは、おやつにうってつけ！

もちもち！甘辛いもだんご

① いもだんごを作る

じゃがいもは右記の作り方①を参照し、電子レンジで加熱する。皮をむいてボールに入れ、フォークでなめらかになるまでていねいにつぶす。牛乳と、片栗粉大さじ5、塩小さじ$\frac{1}{4}$を加えて混ぜ、16等分にして丸める。

② 甘辛しょうゆだれを作る

小鍋に、甘辛しょうゆだれの材料を入れて中火にかける。煮立ったら絶えず混ぜ、とろみがついたら火からおろす。

③ こんがりと焼き、仕上げる

フライパンにサラダ油大さじ1を中火で熱し、①を並べる。こんがりと色づくまで2分ほど焼く。裏返してふたをして、弱火で7分ほど蒸し焼きにする。器に盛り、②をかける。

（$\frac{1}{3}$量で200kcal、塩分1.4g）

材料（2〜3人分）

じゃがいも……**2個（約300g）**
牛乳……**大さじ3〜4**
甘辛しょうゆだれ
- **しょうゆ、みりん**……**各大さじ1**
- **砂糖**……**小さじ2**
- **片栗粉**……**大さじ$\frac{1}{2}$**
- **水**……**$\frac{1}{3}$カップ**

片栗粉　塩　サラダ油

「ビジュアル系ポテト」をSCOOOOOP!

じゃがいもとチーズを練り上げて作る、
フランス・オーベルニュ地方の郷土料理。
びよ〜んとのびる姿は、
みんなの拍手喝采間違いなし！

アリゴ

スウェーデンのレストラン発祥の料理で、別名「アコーディオンポテト」。
蛇腹状の切り込みに、ハーブなどをはさんで焼き上げます。

ハッセルバックポテト

材料（2人分）

じゃがいも（メイクイーン・大）
……2個（360～400g）
にんにくの薄切り……1かけ分
ローズマリー……1枝
オリーブオイル　塩　こしょう

下準備

- オーブンを220℃に温めはじめる。
- ローズマリーは長さ2cmにちぎる。

① じゃがいもに切り込みを入れる

じゃがいもをよく洗い、皮つきのまま、割り箸2ぜんではさんで置く。横に5mm間隔の切り込みを入れ、流水で切り込みの間をよく洗う。15分ほど水にさらし、水けを拭く。スキレット（なければ耐熱の器）にじゃがいもを入れる。

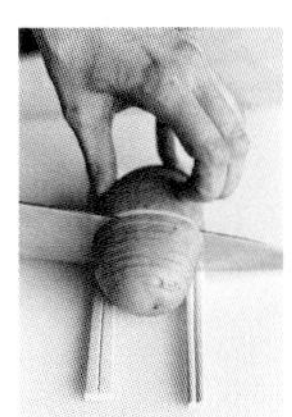

② オーブンで焼く

じゃがいもの切り込みにオリーブオイル大さじ1を回しかけ、塩小さじ$\frac{1}{4}$、こしょう少々をふる。220℃のオーブンで35～40分焼く。いったん取り出し（オーブンは220℃に温めておく）、切り込み全体ににんにく、ローズマリーをはさむ。再びオーブンに入れ、10分ほどこんがりと焼く。好みで塩、オリーブオイル各適宜をかける。　（1人分206kcal、塩分0.8g）

ここ失敗しがち！
いもに切り込みを入れるとき、「切り離してしまう」のはよくある失敗。はさんだ割り箸に当たるまで刃を入れれば、切り込みが調整できて安心です。

材料（3～4人分）

じゃがいも……2個（約300g）
モッツァレラチーズ……100g
ピザ用チーズ……70g
にんにくのすりおろし……少々
バター　塩　こしょう

下準備

- じゃがいもは皮をむいて縦半分に切り、横に幅1.5cmに切る。
- モッツァレラチーズは1.5cm角に切る。

じゃがいもをゆでる

鍋にじゃがいもを入れ、かぶるくらいの水を入れて中火にかけ、竹串がすーっと通るまで8分ほどゆでる。

じゃがいもをつぶす

鍋を傾けて湯を捨て、再び弱めの中火にかけて鍋を揺すり、水けをとばす。表面全体に粉がふいたら火を止め、耐熱のゴムべらなどでつぶす。

チーズを加え、練る

モッツァレラチーズ、ピザ用チーズ、にんにくと、バター25g、塩小さじ$\frac{1}{3}$、こしょう少々を加え、じゃがいもをさらにしっかりとつぶしながら、なめらかになるまでよく練り混ぜる。途中、さめてチーズが溶けにくくなったら、再び弱火にかけるとよい。　（$\frac{1}{4}$量で222kcal、塩分1.2g）

ざく切りでシャキッと！速攻キャベツ炒め

料理／市瀬悦子
撮影／鈴木泰介
スタイリング／深川あさり
熱量・塩分計算／本城美智子

手軽な「キャベツ炒め」は、忙しい人の強い味方。ざく切りキャベツをたっぷり使えば、おなかも大満足です。新鮮な味つけ、具の組み合わせで、バラエティ豊かにお届けします！

みそだれにチーズが溶け合い、こっくり濃厚な味わいに。
キャベツは油をからめて炒めることで早く火が通り、
シャキッと仕上がります。

とろとろ チーズ回鍋肉（ホイコオロウ）

材料（2人分）

キャベツのざく切り
……250g（5〜6枚分）
豚こま切れ肉……150g
ピーマン……2個
ピザ用チーズ……60g
しょうがのせん切り……½かけ分
豆板醤（トウバンジャン）……小さじ½
みそだれ
- 酒……大さじ3
- 赤みそ（なければみそ）……大さじ1
- 砂糖、オイスターソース……各大さじ½
- 片栗粉……小さじ¼

ごま油

材料の下ごしらえをする

ピーマンは縦半分に切ってへたと種を取り、一口大に切る。みそだれの材料を混ぜる。ボールにキャベツを入れ、ごま油大さじ½をからめる。

豚肉を焼き、たれを加える

フライパンにごま油大さじ½を中火で熱する。豚肉を入れ、こんがりと色づくまで、片面を2分ほど焼きつける。しょうが、豆板醤を加えてさっと炒め、みそだれを回し入れてなじませる。

キャベツを加えて蒸す

キャベツ、ピーマンを加えてフライパンの端に寄せ、あいたところにチーズをまとめて加える。水大さじ1½を回し入れ、ふたをして1分30秒ほど蒸す。ふたを取って強火にし、チーズ以外をさっと炒める。器に盛り、チーズをのせる。

（1人分420kcal、塩分3.4g）

みそとチーズうますぎ！
白めしがすすむなあ。

とろとろチーズ、映える〜。

ざく切りmemo

速攻でシャキッと炒めるため、「5〜6cm四方」にカット。大きさをそろえて切ると、加熱むらがなくなります。火通りのわるいしんは、V字に切って取り除きますが、いっしょに使いたいときは薄切りにして。

材料（2人分）

キャベツのざく切り
……250g（5〜6枚分）
鶏もも肉……1枚（約250g）
ねぎ……1本
にんにくじょうゆだれ
- にんにくのすりおろし……1/2かけ分
- しょうゆ……大さじ2
- 砂糖……大さじ1 1/2
- 酒……大さじ1

温泉卵……2個
サラダ油

材料の下ごしらえをする

ねぎは長さ4cmに切る。鶏肉は小さめの一口大に切る。にんにくじょうゆだれの材料を混ぜる。ボールにキャベツを入れ、サラダ油大さじ1/2をからめる。

鶏肉、ねぎを焼きつける

フライパンにサラダ油小さじ1を強めの中火で熱し、鶏肉を皮目を下にして入れる。こんがりと色づくまで、動かさずに3分ほど焼きつけて裏返す。ねぎを加え、ねぎをときどき返しながら1分ほど焼く。

たれ、キャベツを加えて蒸し焼きにする

にんにくじょうゆだれを回し入れ、1分ほど炒める。キャベツを広げ入れ、ふたをして1分ほど蒸し焼きにする。ふたを取って強火にし、1分30秒ほど炒める。器に盛り、温泉卵をのせる。

（1人分453kcal、塩分3.0g）

甘辛いしょうゆ味ににんにくでパンチをきかせて。
とろ〜り温泉卵をからめながらめしあがれ！

キャベツと鶏ももの にんにくじょうゆ炒め

キャベツと鶏胸の梅しょうが炒め

しょうがの辛みがあとを引く、
さっぱりとした一品。
淡泊な胸肉に、
梅の風味がよく合います。

材料（2人分）

キャベツのざく切り
……250g（5～6枚分）
鶏胸肉（小）……1枚（約180g）
さやいんげん……8本
しょうがのせん切り……2かけ分
梅肉……小2個分（約15g）
しょうゆだれ
- みりん……大さじ1½
- しょうゆ、酒……各大さじ½
- 塩……少々

サラダ油

1

材料の下ごしらえをする

いんげんはへたを取って長さを3等分に切る。梅肉は粗くたたく。鶏肉は薄いそぎ切りにし、幅1cmに切る。しょうゆだれの材料を混ぜる。ボールにキャベツを入れ、サラダ油大さじ½をからめる。

具を順に加え、蒸し焼きにする

フライパンにサラダ油大さじ½を中火で熱する。鶏肉、いんげんを入れて肉の色が変わるまで炒め、しょうがを加えてさっと混ぜる。キャベツを広げ入れ、ふたをして1分ほど蒸し焼きにする。

たれ、梅肉を加える

ふたを取り、しょうゆだれを回し入れる。強火にして手早く炒め、梅肉を加えてさっと混ぜる。

（1人分304kcal、塩分2.2g）

キャベツと豚バラの塩だれ炒め

シンプルな塩味が、
キャベツの甘みを際立たせます。
豚バラとごまのうまみで、
奥深い味わいに。

材料（2人分）

キャベツのざく切り
……250g（5～6枚分）
豚バラ薄切り肉……150g
にんじん……½本（約80g）
塩だれ
- みりん……大さじ1
- 酒……大さじ½
- 塩……小さじ⅓

白いりごま……適宜
塩　こしょう　ごま油

材料の下ごしらえをする

にんじんは皮をむき、長さ5～6cmの細切りにする。豚肉は長さ5～6cmに切り、塩、こしょう各少々をふる。塩だれの材料を混ぜる。

豚肉を焼き、野菜を加えて蒸し焼きにする

フライパンにごま油小さじ1を中火で熱し、豚肉を入れる。こんがりと色づくまであまり動かさずに2分ほど焼き、にんじんを加えて炒める。キャベツを広げ入れ、ふたをして1分ほど蒸し焼きにする。

たれを加えて仕上げる

ふたを取って全体を大きく混ぜ、塩だれをもう一度混ぜて回し入れる。強火にしてさっと炒めて器に盛り、ごまを散らす。

（1人分378kcal、塩分1.5g）

材料（2人分）

キャベツのざく切り……250g（5〜6枚分）
厚揚げ……1枚（約200g）
カレー肉みそ
- **豚ひき肉……120g**
- **ねぎのみじん切り……$\frac{1}{3}$本分（約30g）**
- **にんにくのみじん切り……$\frac{1}{2}$かけ分**
- **カレー粉……大さじ$\frac{1}{2}$**
- **酒……大さじ2**
- **みそ……大さじ1$\frac{1}{2}$**
- **砂糖……大さじ1**
- **しょうゆ……小さじ1**
- **片栗粉……小さじ$\frac{1}{3}$**

サラダ油

材料の下ごしらえをする

厚揚げは縦半分に切り、横に幅1cmに切る。カレー肉みその材料の酒から片栗粉までを混ぜ、たれを作る。

厚揚げ、キャベツを蒸し焼きにする

フライパンにサラダ油大さじ$\frac{1}{2}$を中火で熱する。厚揚げを入れ、こんがりと色づくまで2分ほど焼いて裏返す。キャベツを広げ入れ、ふたをして1分30秒ほど蒸し焼きにする。ふたを取って強火にし、全体に油が回るまで手早く炒め、器に盛る。

カレー肉みそを作り、仕上げる

フライパンの汚れをさっと拭く。ねぎ、にんにくと、サラダ油小さじ1を中火で熱し、にんにくの香りが立つまで炒める。ひき肉を加えて炒め、肉の色が変わったらカレー粉を加えてなじませる。①のたれを回し入れ、とろみがつくまで炒め、②にかける。　（1人分417kcal、塩分2.3g）

スパイシーなカレーの香りが食欲を刺激！
香ばしく焼いた厚揚げで、食べごたえもばっちりです。

キャベツと厚揚げのカレー肉みそのっけ

居酒屋のお通しで見かけるキャベツのつまみを、おうちでもまねしてみませんか？
どれも一瞬でパパッとできるのに、お酒がすすむ粋な味です。

ざく切りで「お通しキャベツ」

レンチンしたキャベツに、
うま塩味をよーくなじませて。

キャベツとわかめのナムル

材料（3〜4人分）

キャベツのざく切り……**220g**
カットわかめ（乾燥）……**大さじ1**
貝割れ菜……**¼パック**
ナムルだれ
- **ごま油**……**大さじ1**
- **塩**……**小さじ⅓**
- **粗びき黒こしょう**……**少々**

作り方

1. わかめは水に5分ほど浸してもどし、水けを絞る。キャベツは洗い、水けがついたまま口径22cmの耐熱のボールに入れる。
2. ボールにふんわりとラップをかけ、電子レンジで2分30秒ほど加熱し、ざるに上げる。貝割れは根元を切る。ボールにナムルだれの材料を混ぜ、キャベツ、貝割れ、わかめを加えてあえる。　（¼量で43kcal、塩分0.5g）

コチュジャンの辛みで、
キャベツの甘みが引き立ちます。

パリパリキャベツのコチュマヨだれ

材料（3〜4人分）

キャベツのざく切り……**140g**
コチュマヨだれ
- **白すりごま**……**小さじ1**
- **マヨネーズ**……**大さじ2**
- **コチュジャン**……**大さじ⅓〜½**

作り方

キャベツは冷水に5分ほどさらし、水けをよくきって器に盛る。コチュマヨだれの材料を混ぜ合わせて添え、つけながらいただく。
（¼量で56kcal、塩分0.2g）

あとを引く塩昆布、にんにくの風味で、
箸が止まりません！

やみつき昆布キャベツ

材料（3〜4人分）

キャベツのざく切り……**140g**
塩昆布……**大さじ1**
白いりごま……**大さじ½**
にんにくのすりおろし……**少々**
鶏ガラスープの素（顆粒）……**小さじ½**
みりん　ごま油　塩　こしょう

作り方

キャベツは冷水に5分ほどさらし、水けをよくきる。ボールに鶏ガラスープの素と、みりん小さじ½を入れ、溶けるまでよく混ぜる。にんにくと、ごま油小さじ2、塩ひとつまみ、こしょう少々を加えて混ぜ、キャベツ、塩昆布、ごまを加えてあえる。
（¼量で36kcal、塩分0.7g）

新たなおいしさ発見。「煮ない」大根がうまいっ！

大根といえば、どうしても煮もののイメージが強い野菜。
でも今回は新たなおいしさを発見できる、
「炒め」「揚げ」「焼き」のメニューをご提案。
「煮ない」ことで、今までにない食感や味つけを楽しめるんです。
思わずうまいっ、と叫ぶこと間違いなしですよ。

料理／市瀬悦子
撮影／寺澤太郎
スタイリング／阿部まゆこ
熱量・塩分計算／本城美智子

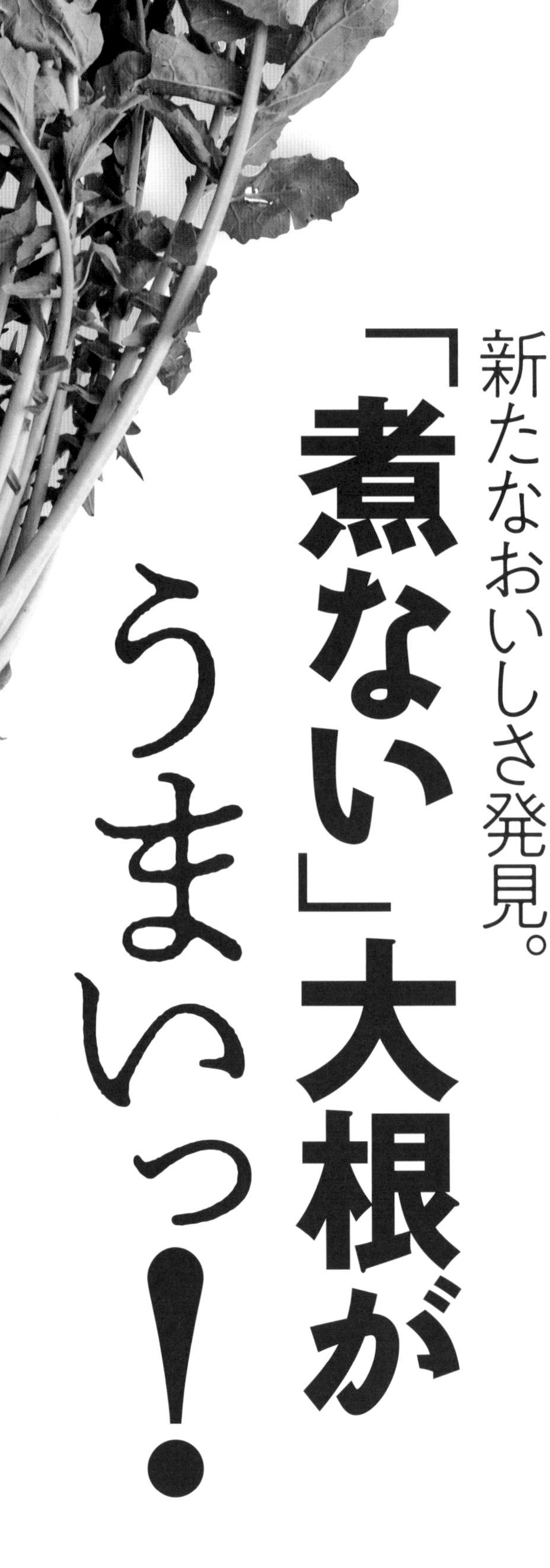

揚げて

ころもで水分を閉じこめて揚げると、
大根がとびきりジューシーに！

焼いて

表面を香ばしく焼きつけることで、
大根の甘みが引き立つ、引き立つ！

炒めて

シャクッと半生に炒めた大根に、
濃いめのがっつり味がからんで絶品！

「炒め」大根がうまいっ！

豚肉おかずの定番ですが、大根を主役にしてもうまい！
せん切りキャベツとトマトを合わせ、さっぱりいただきます。

大根と豚こまのしょうが焼き

① 材料の下ごしらえをする

大根は皮をむいて長さ5cmに切り、縦に厚さ5mmに切ってから、縦に幅1.5cmに切る。豚肉は食べやすく切る。しょうがだれの材料を混ぜる。器にトマトを円形に並べ、キャベツを広げてのせる。

② 具材を炒め、たれで味つけする

フライパンにサラダ油大さじ½を強めの中火で熱する。大根を入れて2分ほど焼き、ざっと返してさらに2分ほど焼きつける。こんがりと焼き色がついたら中火にし、豚肉を加えて肉の色が変わるまで炒める。たれを加えて強火にし、手早く炒め合わせる。たれごと①の器に盛る。

（1人分313kcal、塩分2.1g）

材料（2人分）

大根（大）……¼本（約300g）
豚こま切れ肉……150g
しょうがだれ
- しょうがのすりおろし……1かけ分
- しょうゆ……大さじ1½〜2
- 酒、みりん……各大さじ1
- 砂糖……小さじ1
- 片栗粉……小さじ¼

キャベツのせん切り……2枚分（約100g）
トマトの輪切り……小2個分
サラダ油

温たまのせ豚キムチ大根

大根にパンチのある豚キムチがからんだ〈こくうま〉な一品。とろ〜り温泉卵とともにかき込んで！

材料（2人分）

大根（大）……$\frac{1}{4}$本（約300g）
豚バラ薄切り肉……120g
にら……$\frac{1}{4}$束（約25g）
白菜キムチ……120g
温泉卵……2個
塩　粗びき黒こしょう　ごま油　しょうゆ

① 材料の下ごしらえをする

大根は皮をむき、幅4〜5mmの半月切りにする。にらは長さ5cmに切る。白菜キムチは食べやすく切る。豚肉は長さ6cmに切り、塩、粗びき黒こしょう各少々をふる。

② 具材を炒め、味つけする

フライパンにごま油大さじ$\frac{1}{2}$を強めの中火で熱する。大根を入れて2分ほど焼き、ざっと返してさらに2分ほど焼きつける。こんがりと焼き色がついたら中火にし、豚肉を加えて炒める。肉の色が変わったら、白菜キムチを加えてさっと混ぜ、にらとしょうゆ大さじ$\frac{1}{2}$、粗びき黒こしょう少々を加えて手早く炒める。器に盛り、温泉卵をのせる。

（1人分394kcal、塩分2.7g）

こくのある麻婆だれと香味野菜で風味満点！
角切り大根のシャクシャク食感をぜひ堪能して。

大根の麻婆炒め

材料（2人分）

大根（大）……$\frac{1}{4}$本（約300g）
豚ひき肉……120g
ねぎ……$\frac{1}{2}$本
しょうがのみじん切り……$\frac{1}{2}$かけ分
にんにくのみじん切り……$\frac{1}{2}$かけ分
豆板醤（トウバンジャン）……小さじ$\frac{1}{2}$
麻婆だれ
- **オイスターソース**……大さじ$1\frac{1}{2}$
- **酒**……大さじ1
- **みそ、砂糖**……各小さじ1
- **鶏ガラスープの素（顆粒）**……小さじ$\frac{1}{2}$
- **こしょう**……少々
- **水**……$\frac{2}{3}$カップ

片栗粉　サラダ油　ごま油
好みでラー油

① 材料の下ごしらえをする

大根は皮をむき、1.5cm角に切る。ねぎは4cmをトッピング用にせん切りにし、残りを粗みじんに切る。麻婆だれの材料を混ぜる。片栗粉小さじ2、水大さじ1を混ぜ、水溶き片栗粉を作る。

② 具材を炒める

フライパンにサラダ油大さじ$\frac{1}{2}$を強めの中火で熱し、大根をころがしながら4分ほど焼きつける。こんがりと焼き色がついたら中火にし、ねぎの粗いみじん切り、しょうが、にんにく、豆板醤を加えて香りが立つまで炒める。ひき肉を加え、肉の色が変わるまで炒める。

③ 味つけし、仕上げる

たれを加えてひと混ぜし、煮立ったら水溶き片栗粉をもう一度混ぜて回し入れ、手早く混ぜる。とろみがついたら、ごま油少々をさっと混ぜて器に盛る。ねぎのせん切りをのせ、好みでラー油適宜をかける。

（1人分252kcal、塩分2.6g）

大根をスナック感覚でいただく新鮮なメニュー！
香ばしいころもとにんにくじょうゆの風味が最高。

フライド大根

材料（2人分）

大根（大）…… 1/4本（約300g）
にんにくのすりおろし…… 1/2かけ分
しょうゆ　サラダ油　小麦粉　片栗粉

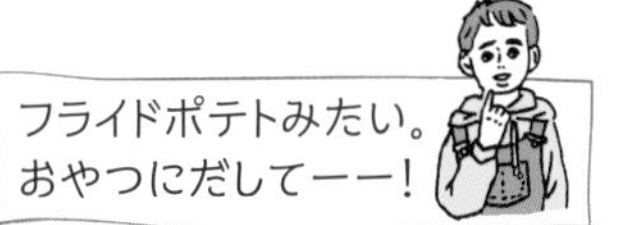

① 大根を切り、下味をつける

大根は皮をむき、長さ8cm、7～8mm角の棒状に切る。バットに入れて、にんにくとしょうゆ大さじ1をからめて平らにならし、10分ほどおいて味をしみ込ませる。

② ころもをつけ、大根を揚げる

フライパンにサラダ油を高さ2cmくらいまで入れ、中温※に熱する。①のバットに小麦粉大さじ3を加えて練り混ぜ、さらに片栗粉適宜をまぶして余分な粉をはたき落とす。ころもをつけたものからフライパンに入れて2分ほど揚げ、くっついているところをはがしながら2～3分揚げる。強火にしてさらに1～2分揚げ、油をきって器に盛る。　（1人分200kcal、塩分1.4g）

※170～180℃。乾いた菜箸の先を底に当てると、細かい泡がシュワシュワッとまっすぐ出る程度。

「揚げ」大根がうまいっ！

【注意】大根は水分が多いので、長く揚げすぎると油はねして危険です。表記の時間と火加減を守って作ってください。

豆腐がおなじみですが、
厚切りの大根なら存在感のある一品に。
揚げたてはもちろん、つゆを吸ってとろけたころも美味。

揚げだし大根

材料（2人分）

大根（直径7.5～8cm）……6cm（約300g）
めんつゆ（3倍希釈）……大さじ1～1½
しょうがのすりおろし……½かけ分
万能ねぎの小口切り……適宜
サラダ油　片栗粉

① 大根の下ごしらえをする

大根は皮をむき、幅3cmの輪切りにする。耐熱皿に並べ、ふんわりとラップをかけて、電子レンジで6分30秒加熱する。氷水にとり、10分ほどおいて粗熱を取る。ペーパータオルで水けをしっかりと拭く。

② 粉をまぶし、大根を揚げる

フライパンにサラダ油を高さ3cmくらいまで入れ、中温※に熱する。大根に片栗粉適宜をまぶし、フライパンに入れて2分ほど揚げる。表面が固まってきたら、ときどき上下を返しながら、さらに2分～2分30秒揚げる。めんつゆと熱湯大さじ2を混ぜて器に等分に注ぎ、揚げたての大根を盛ってしょうが、万能ねぎをのせる。

（1人分113kcal、塩分1.0g）

※170～180℃。乾いた菜箸の先を底に当てると、細かい泡がシュワシュワッとまっすぐ出る程度。

ここ失敗しがち！
揚げたときに早く温度が上がりすぎると、大根から水分が出て油がはねてしまいます。必ずここで氷水にとり、「大根の温度を下げておく」ことがポイント。

大根に入れた切り込みに
バターしょうゆがしみ込み、濃厚な味わいに。
カリカリのにんにくチップは
香りと食感の名わき役です！

ガーリック大根ステーキ

材料（2人分）

大根（直径約7cm）……8cm（約300g）
にんにくの薄切り……2かけ分
ベーコン（厚切り）……80g
クレソン……適宜
塩　粗びき黒こしょう
サラダ油　バター　しょうゆ

① 大根を切り、レンジ加熱する

大根は幅2cmの輪切りにし、皮をむいて両面に5mm間隔で浅く格子状に切り込みを入れる。ベーコンは横に幅1cmに切る。耐熱の器に大根を並べ、ふんわりとラップをかけて、電子レンジで4分ほど加熱する。取り出して竹串がやっと通るくらいの堅さになったら、10分ほどおいて水けを拭き取る。塩、粗びき黒こしょう各少々をふる。

② フライパンで大根を焼く

フライパンにサラダ油小さじ1、にんにくを入れ、中火で熱する。ときどきにんにくを返しながら焼き、こんがりとしたら取り出す（にんにくチップ）。ベーコンを入れ、両面を焼いてこんがりとしたら取り出す。大根を入れ、中火で両面を2分ずつ焼きつける。

③ バターしょうゆをからめ、仕上げる

バター10g、しょうゆ大さじ1を加え、バターを溶かしながら、大根の両面にバターしょうゆをからめる。器に盛り、にんにくチップを散らしてベーコン、クレソンを添える。好みでバター適宜をのせ、フライパンに残ったたれをかける。

（1人分260kcal、塩分2.7g）

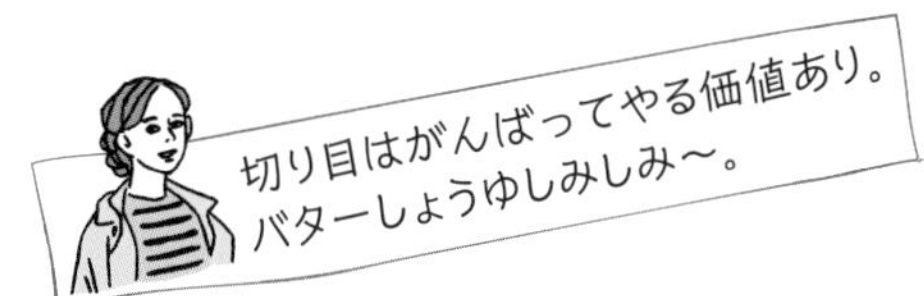

角切りとすりおろし、2種類の大根をたねに混ぜるのがポイント。
ふんわり、シャクッと絶妙の歯ざわり!

ダブル大根のふわふわつくね

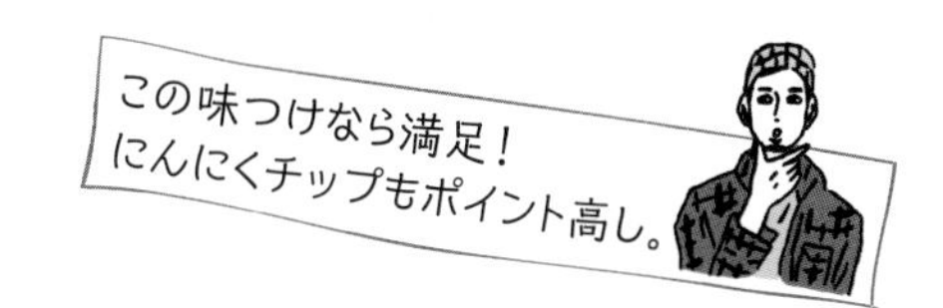

「焼き」大根がうまいっ!

① 大根の下ごしらえをする

大根は皮をむいて2/3量(約200g)をすりおろし、ざるにあけて水けを絞る。残りの大根は1cm角に切る。甘じょうゆだれの材料を混ぜ合わせる。

② 材料を混ぜ合わせ、たねを作る

ボールに角切り大根以外のたねの材料を入れ、粘りが出るまで練り混ぜる。角切り大根を加え、さらに混ぜる。手に水をつけながら、たねを1/6量ずつとって長径8～9cm、厚さ2cmの小判形に整える。

③ フライパンでたねを焼く

フライパンにサラダ油大さじ1/2を中火で熱し、たねを並べて2分ほど焼いて裏返し、ふたをして弱火で3分30秒ほど蒸し焼きにする。余分な油をペーパータオルで拭き取り、たれを加える。強火にして煮立たせ、たねにからめながら1分ほど煮る。器に盛り、フライパンに残ったたれをかけて、卵黄を添える。

(1人分334kcal、塩分3.2g)

材料(2人分)

たね
- 大根(大)……1/4本(約300g)
- 鶏ひき肉……150g
- ねぎのみじん切り……1/4本分(約25g)
- しょうがのすりおろし……1/2かけ分
- 溶き卵……1/2個分
- 片栗粉……大さじ1
- 塩……少々

甘じょうゆだれ
- しょうゆ……大さじ2
- 酒、みりん、砂糖……各大さじ1
- 片栗粉……ひとつまみ

卵黄……2個分

サラダ油

「大根餃子」も うまいっ！

みんなが大好きな餃子も、
皮の代わりに大根を使えば、
新感覚の一品に！
大根のみずみずしさで
軽やかな味わいになるんです。
一度食べたらやみつきに
なること間違いなし♪

大根が厚いとはさむとき
割れちゃう。薄さ大事！

材料（2人分）

大根（直径7～7.5㎝）……$\frac{1}{8}$本（約120g）
豚ひき肉……100g
ねぎのみじん切り……$\frac{1}{5}$本分（約20g）
にらの小口切り……$\frac{1}{5}$束分（約20g）

下味
- しょうが汁……小さじ1
- 酒……小さじ1
- 片栗粉……小さじ2
- 塩、こしょう……各少々

たれ
- ラー油、酢、しょうゆ……各適宜

塩　片栗粉　ごま油

大根をスライスし、「皮」を作る

大根は皮をむき、あればスライサーで、幅2㎜の輪切りを12枚用意する。バットなどにざっと広げて並べ、全体に塩少々をふってすり込み、10分ほどおく。

肉だねの材料を練り混ぜる

ボールに豚ひき肉と下味の材料を入れ、粘りが出るまで手で練り混ぜる。さらにねぎ、にらを加えてさっと混ぜる。たれの材料を混ぜ合わせる。

③

大根の水けを拭き、粉をふる

大根がしんなりしたら、ペーパータオルに並べて水けをしっかり拭き取る。すぐに大根の切り口の片面に、片栗粉を茶こしで薄くふる。

④

大根に肉だねをはさむ

③の大根の粉をふった面に肉だねを$\frac{1}{12}$量ずつのせて半分に折り、中央を指で押さえて留める。スプーンの背で肉だねを平らに押さえ、形を整える。

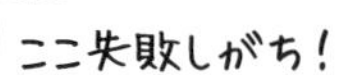

ここ失敗しがち！

焼く途中で大根がパカッと開かないよう、真ん中をしっかり押さえて成形するのがコツ。

⑤

フライパンに並べて焼く

フライパンにごま油小さじ1を中火で熱し、大根餃子を並べる。1分ほど焼いてかるく焼き色がついたら、水大さじ1を回し入れる。

蒸し焼きにして仕上げる

ふたをして弱めの中火で1分30秒～2分蒸し焼きにする。焼き目が上になるように器に盛り、たれを添える。

（1人分165kcal、塩分0.7g）

大根は「下味冷凍」して煮もの専用に！

大物野菜の代表選手、大根。使いきれないときは、しなびさせる前にこちらも冷凍庫へ。
ただし、そのままではなく塩と砂糖をまぶしておくことが大きなポイント!
余分な水分が抜け、短時間で味がしみる「煮もの向き」の状態に。これはぜひお試しを。

料理／藤井 恵　撮影／澤木央子　スタイリング／しのざき たかこ　熱量・塩分計算／五戸美香（ナッツカンパニー）

いちょう切りタイプ

輪切りタイプ

味のしみ方がこんなに違う！

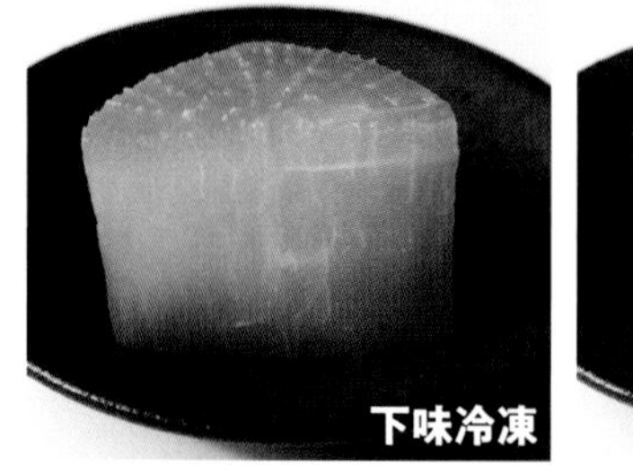

下味冷凍

生

同じ煮汁で30分煮た大根の断面を比較！　下味冷凍した大根のほうは、表面がくたっとして色が濃く、切り口にも煮汁が浸透しているのがわかります。

「下味冷凍」の方法

（大根〈小〉½本分・約450g分）

皮を厚くむき、幅4cmの輪切り（輪切りタイプ）、または幅2cmのいちょう切り（いちょう切りタイプ）にする。冷凍用保存袋に入れ、砂糖小さじ2、塩小さじ½を加える。袋の口を閉じ、袋を振って全体になじませ、冷凍庫で6時間以上凍らせる。使うときは水で洗い、表面の凍った調味料を溶かして落とす。

保存期間●冷凍で1カ月

大根と手羽先のオイスター煮

オイスターだれで、こっくりと味わい深い濃厚中華風煮ものの完成！

輪切りタイプで

材料（2人分）

冷凍大根（右記参照・輪切りタイプ）……4切れ
鶏手羽先……6本
しめじ……1パック（約100g）
オイスターだれ
- オイスターソース……大さじ1½
- 酒……大さじ2
- しょうゆ、砂糖……各大さじ½

青梗菜（チンゲンツァイ）……1株
塩　サラダ油

下準備

- 冷凍大根は水で洗い、表面の氷を溶かす。

1. 野菜と肉の下ごしらえをする

しめじは石づきを切り、小房に分ける。青梗菜は縦に4等分に切り、塩少々を加えた熱湯でさっとゆでる。手羽先は皮目の反対側の骨と骨の間に、1本切り込みを入れる。オイスターだれの材料を混ぜる。

2. 手羽先を焼き、残りの具と煮る

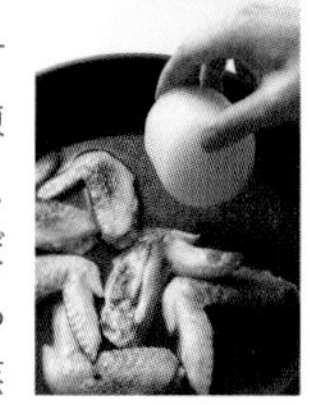

フライパンにサラダ油大さじ½を中火で熱して手羽先を並べ入れ、こんがりとするまで両面を3分くらいずつ焼く。冷凍大根、しめじと、水1½カップを加えて、ふたをして5分ほど煮る。オイスターだれを加え、ふたをしてときどき返しながら20～30分煮る。火を止めて5分ほど蒸らす。器に盛って、青梗菜を添える。

（1人分270kcal、塩分2.5g）

輪切り
タイプで

食欲そそる甘辛い煮汁を
たっぷり含んだ大根が美味。
厚切りだから、
かたまり肉とのバランスも◎。

しみしみ 角煮大根

材料（作りやすい分量）

冷凍大根（P70参照・輪切りタイプ）……4切れ
豚バラかたまり肉……400g
ねぎの青い部分……1本分
しょうがの薄切り……1かけ分
甘辛だれ
- しょうゆ……⅓カップ
- 砂糖、酒……各大さじ4

ゆで卵……4個
ねぎの白い部分……4cm
酒　練り辛子

下準備

- ねぎの白い部分は縦に1本切り目を入れ、しんを取り除く。開いて縦にせん切りにしてから水にさらし、水けをきる（しらがねぎ）。
- 冷凍大根は水で洗い、表面の氷を溶かす。

ゆずこしょうをピリリときかせて、上品ながら食欲そそる新感覚麻婆に。

ゆず塩麻婆大根

1.ひき肉を酒でいる

フライパンにひき肉としょうが、酒大さじ1を入れて中火にかけ、ぱらりとするまで4分ほどいる。

2.大根を加えて煮る

水1カップと冷凍大根を加え、ふたをして5分ほど煮る。ゆずこしょうだれを加え、ふたをしてさらに10分ほど煮る。水溶き片栗粉をもう一度混ぜてから加え、さっと混ぜてとろみをつける。器に盛り、ねぎをのせる。 (1人分241kcal、塩分2.2g)

いちょう切り
タイプで

材料（2人分）

冷凍大根（P70参照・いちょう切りタイプ）……全量
鶏ひき肉……200g
しょうがのすりおろし……1かけ分
ゆずこしょうだれ
- **しょうゆ、みりん……各大さじ½**
- **ゆずこしょう……小さじ1**
- **塩……小さじ½**

万能ねぎの小口切り……2本分
片栗粉　酒

下準備

- 冷凍大根は水で洗い、表面の氷を溶かす。
- 片栗粉大さじ½と水大さじ1を混ぜ、水溶き片栗粉を作る。
- ゆずこしょうだれの材料を混ぜる。

1.豚肉を湯通しし、焼く

豚肉は長さを6等分に切り、熱湯で2〜3分ゆでて水けを拭く。口径20cmの鍋を中火で熱し、豚肉を脂身を下にして並べ入れる。全体に焼き色がつくまで、ころがしながら5分ほど焼く。

2.豚肉をゆでる

1の鍋にねぎの青い部分、しょうがと、酒½カップを加える。豚肉がかぶるくらいまで水を加え、中火にかける。煮立ったら弱めの中火にし、落としぶた※をして1時間ほど煮る。

※アルミホイルを鍋の口径よりひとまわり小さめの円形に切り、真ん中に穴をあけたもの。

3.冷凍大根とたれを加え、煮る

2の鍋に、豚肉がひたひたになるまで水をたし、冷凍大根と甘辛だれの材料を加えて強火にかける。煮立ったら弱めの中火にし、ふたをして20分ほど煮る。ゆで卵を加えてふたをして5分ほど煮て、火を止めて5分ほど蒸らす。器に盛ってしらがねぎをのせ、辛子適宜を添える。

（¼量で434kcal、塩分2.3g）

cooking experts'

料理家の
野菜使いに注目。

『オレンジページ』に登場する料理家のかたがたは、野菜好きばかり。
切り方ひとつ、加熱時間ひとつにも、野菜を生かすこだわりが。
なかでも、「まねしたい！」と多くの読者に支持された、
料理家発の企画をセレクトしました。
野菜がもっと好きになれるヒントがいっぱいです。

シンプルなのが大庭英子さん流。常備菜は、野菜ひとつで。

全メニュー冷蔵で3〜4日間保存可能！

忙しい日の「もう一品」やお弁当に便利な常備菜。今回、料理家の大庭英子さんに野菜ひとつで作れる副菜を教わりました。とびきり手軽で気取らないのに、どれも味は極上。そぎ落とされたシンプルなおいしさに、はっとするはず。

料理／大庭英子
撮影／岡本真直
スタイリング／浜田恵子
熱量・塩分計算／五戸美香（ナッツカンパニー）

大庭英子さん

料理研究家。素材の味を生かした、潔く滋味深いレシピが人気。常備菜は「すぐ食べきっちゃう（笑）」という野菜好き。

なす1袋で

揚げなすのイタリアンサラダ

材料（作りやすい分量）

なす……1袋（5個）

ドレッシング

- 酢……大さじ1½
- 塩……小さじ⅓
- こしょう……少々
- パセリのみじん切り……大さじ2

揚げ油

① なすはへたを切り、縦4等分に切る。揚げ油を高めの中温※に熱し、なすの½量を皮を下にして入れて2〜3分揚げ、油をきる。残りも同様に揚げる。

② ボールにパセリ以外のドレッシングの材料を混ぜる。なすを加えてさっとあえ、さめたらパセリを混ぜる。（¼量で153kcal、塩分0.5g）

※180℃。乾いた菜箸の先を底に当てると、細かい泡がシュワシュワッとまっすぐ出る程度。

ドレッシングがしみてて、マリネみたいな味！

「揚げなすは私の常備菜の大定番。ドレッシングをからめ、ひと味違うサラダにします」

なすのおかか揚げびたし

材料（作りやすい分量）

なす……1袋（5個）

めんつゆ（ストレート）……⅔カップ

削り節……1パック（約3g）

揚げ油

① なすはへたを切って縦半分に切り、皮目に格子状に浅い切り込みを入れる。揚げ油を高めの中温※に熱し、なすを皮を下にして入れて3〜4分揚げ、油をきる。

② 保存容器になす、めんつゆを入れて粗熱を取り、削り節をふる。

（¼量で168kcal、塩分1.1g）

「時間がたつほど、おかかのだしがよくしみますよ」

「ピーマンって強い味が合うから、濃厚なソース味がぴったり」

ピーマンのソース炒め

材料（作りやすい分量）

ピーマン……2袋（10個・約300g）
サラダ油　中濃ソース　塩　こしょう

① ピーマンは縦半分に切ってへたと種を取り、幅1cmの斜め切りにする。

② フライパンにサラダ油大さじ1を中火で熱し、ピーマンを炒める。しんなりしたら、中濃ソース大さじ2、塩小さじ1/5、こしょう少々を加え、さっと炒め合わせる。

（1/4量で54kcal、塩分0.8g）

「オイルをからめて蒸すと、かさが減ってたっぷり食べられるの」

ピーマンのツナオイル蒸し

材料（作りやすい分量）

ピーマン……2袋（10個・約300g）
ツナ缶詰（70g入り）……1缶
オリーブオイル　塩　こしょう

① ピーマンは縦半分に切ってへたと種を取り、さらに横半分に切る。ツナは缶汁をきる。

② フライパンにピーマン、ツナと、オリーブオイル大さじ2、塩小さじ1/4、こしょう少々を入れて混ぜる。ふたをして中火にかけ、1～2分蒸す。弱火にし、上下を返してさらに5分ほど蒸す。

（1/4量で120kcal、塩分0.5g）

ピーマン  2袋で

かぼちゃ1/4個で

かぼちゃのごま塩きんぴら

① かぼちゃは種とわたを取り、5mm角の棒状に切る。

② フライパンにサラダ油大さじ2を強めの中火で熱し、かぼちゃを炒める。全体に油が回ったら弱火にし、ふたをして2分ほど蒸し焼きにする。酒大さじ1、塩小さじ$\frac{1}{4}$をふってひと混ぜし、黒いりごまをふる。

（$\frac{1}{4}$量で168kcal、塩分0.4g）

材料（作りやすい分量）

かぼちゃ
……$\frac{1}{4}$個（正味約450g）
黒いりごま……大さじ$\frac{1}{2}$
サラダ油　酒　塩

かぼちゃチーズサラダ

① かぼちゃは種とわたを取り、2cm角に切る。クリームチーズは幅1cmに切ってから、1.5cm四方に切る。

② 鍋にかぼちゃ、ひたひたの水を入れ、ふたをして中火にかける。煮立ったら弱火にし、10分ほどゆでてざるに上げる。

③ ボールにかぼちゃとドレッシングの材料を入れて混ぜ、粗熱を取る。マヨネーズ大さじ3を混ぜ、クリームチーズを加えてざっとあえる。

（$\frac{1}{4}$量で288kcal、塩分0.6g）

材料（作りやすい分量）

かぼちゃ
……$\frac{1}{4}$個（正味約450g）
クリームチーズ……80g
ドレッシング
オリーブオイル……大さじ2
酢……大さじ1
塩……小さじ$\frac{1}{5}$
こしょう……少々
マヨネーズ

ブロッコリーのうま塩じゃこ炒め

材料（作りやすい分量）

ブロッコリー……1株（約400g）
ちりめんじゃこ……30g
サラダ油　酒　塩

① ブロッコリーは茎を切り、小房に分けて縦半分（大きければさらに半分）に切る。茎は皮を厚めにむき、幅1cmの斜め切りにする。

② フライパンにサラダ油大さじ2を中火で熱する。ブロッコリーを並べ入れ、焼き色がつくまで焼く。ちりめんじゃこを加えて弱火にし、ふたをして1分ほど蒸し焼きにする。酒大さじ1、塩小さじ$\frac{1}{3}$を加えて炒め合わせる。

（$\frac{1}{4}$量で105kcal、塩分1.1g）

「蒸し焼きにすると、じゃこのおいしい塩けが全体に回るのよ」

ブロッコリー1株で

「甘辛しょうゆ味で、コリッと歯ごたえよく煮ます」

ブロッコリーのツナしょうゆ煮

材料（作りやすい分量）

ブロッコリー……1株（約400g）
ツナ缶詰（70g入り）……1缶
サラダ油　酒　みりん　しょうゆ

① ブロッコリーは上記「ブロッコリーのうま塩じゃこ炒め」の作り方①を参照し、同様に切る。ツナは缶汁をきる。

② 鍋にサラダ油大さじ2を中火で熱し、ブロッコリー、ツナを加えてさっと炒める。水大さじ3、酒、みりん各大さじ1、しょうゆ大さじ1〜$1\frac{1}{2}$を加えて混ぜ、ふたをして4分ほど蒸し煮にする。

（$\frac{1}{4}$量で154kcal、塩分0.9g）

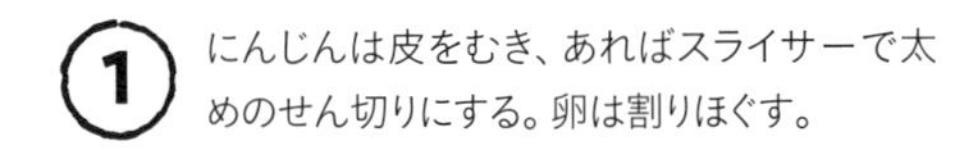

にんじん卵シリシリ

材料（作りやすい分量）

にんじん……2本
卵……1個
サラダ油　塩　こしょう

1. にんじんは皮をむき、あればスライサーで太めのせん切りにする。卵は割りほぐす。
2. フライパンにサラダ油大さじ2を中火で熱し、にんじんを炒める。しんなりしたら塩小さじ$\frac{1}{3}$、こしょう少々を加えて炒め、溶き卵を加えてぽろぽろになるまで炒める。

（$\frac{1}{4}$量で110kcal、塩分0.5g）

ここ失敗しがち！
卵が半熟だと日もちしなくなって、もったいない！ しっかり火を通してぽろぽろにしておくのが肝心。

にんじん2本で

ひらひらキャロットラペ

材料（作りやすい分量）

にんじん……2本
フレンチドレッシング
- オリーブオイル……大さじ3
- 酢……大さじ1$\frac{1}{2}$
- 塩……小さじ$\frac{1}{4}$
- こしょう……少々

1. にんじんはピーラーで皮をむき、さらに縦に薄く削る。
2. ボールにフレンチドレッシングの材料を入れ、にんじんを加えて混ぜる。しんなりするまでそのまま5分ほどおく。

（$\frac{1}{4}$量で120kcal、塩分0.5g）

五十嵐美幸さんに「蒸し炒め」を習う。

料理／五十嵐美幸　撮影／馬場わかな
スタイリング／久保百合子
熱量・塩分計算／本城美智子
五戸美香（ナッツカンパニー）

シャキッとした食感に、
素材の味を生かす
絶妙な塩加減。
シンプルながらも
味わい深いのが、
中華の炒めものです。
その極意を探りに、
シェフ五十嵐美幸さんのもとへ。
味の決め手はフライパンでの
「蒸し炒め」にありました。

五十嵐美幸さん

東京・幡ケ谷にある「中国料理 美虎（みゆ）」のオーナーシェフ。野菜をたっぷり使った創作料理に定評があり、雑誌やテレビで幅広く活躍中。コツをしっかり教えてくれる料理教室も人気。

オイルをからめたら

「オイルコーティングで
水分を閉じこめたら、
蒸し炒めで一気に加熱。
野菜が驚くほど
シャキッと
仕上がりますよ」

蒸して炒める。

シャキッとハリのある
仕上がり、感動！

野菜の色も鮮やか。お店みたいだね。

ほろ苦い青梗菜と、ベーコンの力強いうまみが相性抜群！

青梗菜とベーコンの蒸し炒め

材料（2人分）

青梗菜（チンゲンツァイ）……2株

ベーコン……3枚（約50g）

鶏ガラスープ※……½カップ

サラダ油

※市販の鶏ガラスープの素を表示に従って湯で溶いたもの。「スープとして飲むにはちょっと濃い」と感じるくらいが目安。

下準備

- 青梗菜は葉と茎に切り分け、葉は長さを半分に、茎は縦4等分に切る。
- ベーコンは幅1cmに切る。

ここ失敗しがち！

火の通りが均一になるよう、必ず茎と葉を切り分けて。茎を縦4つ割りにしておけば、葉と同時に加えてOKです。

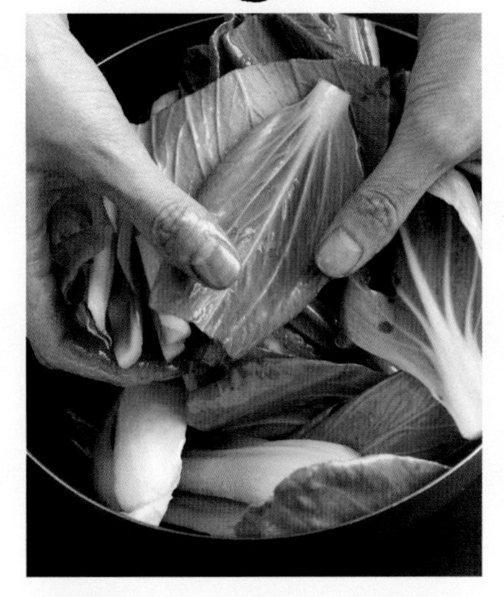

青梗菜にサラダ油をからめる

ボールに青梗菜を入れ、サラダ油大さじ2を加える。全体に油がいきわたるよう、手でしっかりとからめる。

スープを煮立たせ、青梗菜を加える

フライパンに鶏ガラスープ、ベーコンを入れ、強火にかける。 煮立ったら、青梗菜を加える。

ここ失敗しがち！

〈1分〉はあくまで目安。蒸気の様子で確認したほうが確実です。ふたの内側が蒸気でくもった後、つーっと水滴になって流れはじめたら終了。

③

ふたをして「蒸す」

混ぜずにふたをし、そのまま1分ほど蒸して青梗菜に火を通す。

④

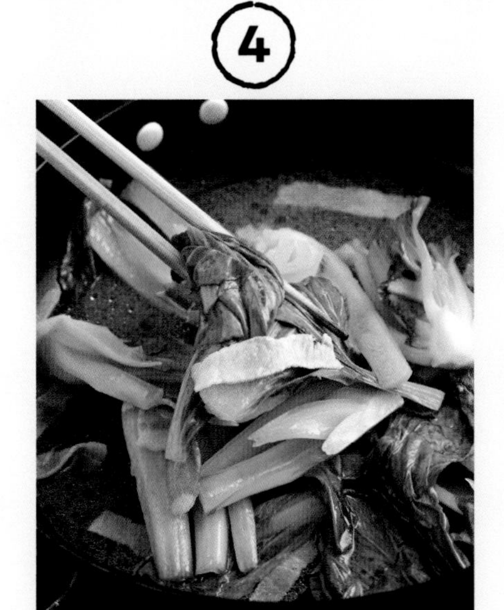

さっと「炒め」、仕上げる

ふたを取り、スープが全体にからむようにさっと炒め、火を止める。　（1人分224kcal、塩分1.4g）

しらすのほのかな塩けで、
豆苗の味わいが引き立ちます。

豆苗としらすの蒸し炒め

材料（2人分）

豆苗……1袋（正味約100g）
ねぎ……½本
鶏ガラスープ（P83の※参照）……¼カップ
しらす干し……大さじ2強（約20g）
サラダ油

1. 豆苗は根元を切る。ねぎは幅5㎜の斜め切りにする。ともにボールに入れ、サラダ油大さじ2をからめる。
2. フライパンに鶏ガラスープ、しらす干しを入れ、強火にかける。煮立ったら豆苗、ねぎを加え、ふたをして1分ほど蒸してから、さっと炒める。

（1人分144kcal、塩分0.6g）

野菜を替えても。

「野菜を替えても、同じ要領でオイル蒸しにできますよ。
火の通りは違うので、蒸す時間を少し調整して」

キャベツのやさしい甘みに、
高菜の風味でアクセントを！

キャベツと高菜の蒸し炒め

材料（2人分）

キャベツの葉……4枚（約200g）
高菜漬け……大さじ2（約20g）
鶏ガラスープ（P83の※参照）……½カップ
サラダ油

1. キャベツはしんを切り、大きめの一口大に切る。ボールに入れ、サラダ油大さじ2をからめる。高菜漬けは粗いみじん切りにする。
2. フライパンに鶏ガラスープ、高菜漬けを入れ、強火にかける。煮立ったらキャベツを加え、ふたをして2分ほど蒸してから、さっと炒める。

（1人分140kcal、塩分1.1g）

とろみをつけても。

「うまみのある蒸し汁をあんにして、とろみ炒めにしても美味。あんの中で野菜の歯ざわりが引き立つんです」

豚こまと合わせた、食べごたえのある蒸し炒め。
ご飯にかけて中華丼にするのもおすすめ。

青梗菜と豚肉のとろみ炒め

材料（2人分）

- 青梗菜（チンゲンツアイ）……1株
- 豚こま切れ肉……100g
- 生しいたけ……2個
- かぶ……1/2個
- 鶏ガラスープ（P83の※参照）……2/3カップ
- 水溶き片栗粉
  - 片栗粉……大さじ1/2
  - 水……大さじ1
- サラダ油　こしょう

① 材料の下ごしらえをする

青梗菜は葉と茎に切り分け、葉は長さを半分に切り、茎は縦4等分に切る。しいたけは石づきを切り、一口大のそぎ切りにする。かぶは皮をむき、6等分のくし形に切る。すべてボールに入れ、サラダ油大さじ2を加えて全体に手でからめる。水溶き片栗粉の材料を混ぜる。

② 豚肉を炒め、野菜を加えて蒸す

フライパンにサラダ油大さじ1/2を中火で熱し、豚肉を入れてさっと炒める。肉の色が変わったら鶏ガラスープと、こしょう少々を加えて強火にする。煮立ったら①の野菜を加え、ふたをして2分ほど蒸す。

③ とろみをつけて、仕上げる

ふたを取って全体をさっと混ぜ、中心をあける。水溶き片栗粉をもう一度混ぜてから中心に加え、手早く混ぜる。とろみがついたら火を止める。　（1人分260kcal、塩分0.7g）

飛田和緒さん流

根菜の作り置き

飛田和緒さん

葉山を拠点に、夫、娘とともに暮らす料理家。身近な素材で作る、飾らない料理が人気。雑誌、テレビなどで活躍中。

料理／飛田和緒
撮影／広瀬貴子
スタイリング／しのざきたかこ
熱量・塩分計算／本城美智子

海辺の街に暮らし、日々のごはん作りを通して「旬」の味と深くふれあってきた飛田和緒さん。その潔いほどにシンプルな料理はいま、多くの人に絶大な支持を受けています。今回、教えていただいたのは、根菜おかずの作りおき。「家族がよく食べるから」と作りつづけているうちに自然に根づいた、飛田家の定番ばかりです。

「れんこんのほくっとした食感が主役の一品です。時期によって堅さが違うので、竹串を刺してみて『もういいよ』と合図が出るまで、辛抱強く煮てくださいね」

厚切りれんこんと牛肉の甘辛しょうゆ煮

見た目ジミーだけど、めっちゃご飯に合う味。ほっこりする〜。

材料（4人分）

れんこん（小）……2節（約350g）
牛こま切れ肉……150g
煮汁
- だし汁……1½カップ
- 酒……大さじ2
- 砂糖……大さじ2
- しょうゆ……大さじ2

サラダ油

1 材料の下ごしらえをする

れんこんは皮をむき、幅1.5cmの輪切りにする（太ければ半月切りにする）。水に5分ほどさらし、水けをよくきる。牛肉は大きければ一口大に切る。

2 れんこんを焼きつけ、煮る

口径24cmの厚手の鍋にサラダ油大さじ1とれんこんを入れ、中火にかける。れんこんがかるく透き通るまで2〜3分焼く。煮汁用のだし汁、酒、砂糖を加えてふたをし、弱めの中火で、竹串がすーっと通るまで20分ほど煮る。

3 牛肉を加え、炒め煮にする

ふたを取り、牛肉と、しょうゆを加え、汁けをとばすように1〜2分炒め煮にする。火を止め、ふたをして10分ほどおき、味をなじませる。
（¼量で224kcal、塩分1.5g）

●冷蔵で3〜4日保存可能

ここ失敗しがち！
牛肉は煮すぎると堅くなってしまいます。色が変わったらすぐに火を止め、余熱で味をなじませるのがコツ！

ごぼう、れんこんは、切り方で変化を。

たたきごぼうと豚肉のごまみそ煮

材料（4人分）

ごぼう（小）……2本（約200g）
豚こま切れ肉……150g
白いりごま……大さじ1
貝割れ菜……適宜
煮汁
- 水……適宜
- 砂糖……大さじ2
- 酒……大さじ2
- みそ……大さじ2
- しょうゆ……大さじ2

サラダ油

① ごぼうの下ごしらえをする

ごぼうはたわしなどで皮をよく洗い、長さ5cmに切る。めん棒でかるくたたいてひびを入れ、水に5分ほどさらして水けをきる。

② ごぼう、豚肉を炒め、煮る

口径24cmの厚手の鍋にサラダ油小さじ1、ごぼうと、豚肉をほぐし入れて中火にかけ、全体に油が回るまで炒める。煮汁用の水をひたひたまで注ぎ、砂糖、酒を加え、ふたをして弱めの中火で、ごぼうに竹串がすーっと通るまで20分ほど煮る。

③ みそを加え、仕上げる

みそを煮汁適宜で溶きのばし、しょうゆと合わせてから加える。中火にし、汁けをとばしながら炒め煮にし、煮汁が1/3量くらいになったら白ごまを加え、ひと混ぜする。器に盛り、貝割れをのせる。

（1/4量で174kcal、塩分1.7g）

●冷蔵で3～4日保存可能

ここ失敗しがち！
「ひたひた」とは水面から素材の頭がところどころ出ている状態のこと。完全に素材が隠れるまで入れると多すぎるのでご注意を。

たたいてグシャッとした部分にごまみそがしみしみ！ うまいなぁ。

おろしれんこんの照り焼き肉だんご

材料（4人分）

肉だね
- れんこん（小）……1節（約150g）
- 豚ひき肉……300g
- 玉ねぎのみじん切り……½個分
- 塩……小さじ⅓
- 粗びき黒こしょう……少々

サラダ油　みりん　しょうゆ

① 肉だねを作る

れんこんはよく洗って皮ごとすりおろし、かるく汁けをきってボールに入れる。残りの肉だねの材料を加え、粘りが出るまでよく練り混ぜ、一口大に丸める。

② 肉だんごを焼く

フライパンにサラダ油小さじ2を中火で熱し、①を並べ入れる。こんがりと色づくまでころがしながら焼く。ふたをして1分ほど蒸し焼きにし、いったん取り出す。

③ 甘辛く味つけする

フライパンの汚れを拭き、みりん大さじ2を入れて中火にかける。煮立ったらしょうゆ大さじ2を加えて②を戻し入れ、よくからめる。（¼量で235kcal、塩分1.9g）

●冷蔵で3～4日保存可能

「だしびたしストック」で大根を手軽に。

「火が通りにくい大根は、使うのがおっくうになりがち。私は買ってきたら一本すべて下ゆでして、薄く味つけしただし汁に浸しておきます。ここまでしておけば、さっと加熱するだけで一品完成。心強い味方です」

大根のだしびたし

材料（作りやすい分量）

大根……1本（約1kg）

煮汁
- だし汁（下記参照）……約3カップ
- 薄口しょうゆ（なければしょうゆ）……小さじ1
- 塩……小さじ½

米のとぎ汁……適宜
（または同量の水と米ひとつかみ）

1 大根を切る

大根は幅3cmの輪切りにし（太ければ半月切りにする）、厚めに皮をむき、切り口の角を薄くそいで面取りをする。

2 米のとぎ汁で下ゆでする

口径24cmの鍋に大根と、かぶるくらいの米のとぎ汁を入れて中火にかけ、煮立ったら弱めの中火にする。竹串がすーっと楽に通るまで50～60分ゆでる。

3 煮汁で煮る

ざるに上げ、1切れずつよく洗ってぬめりを取る。再び鍋に入れ、煮汁用のだし汁（ひたひたよりやや多め）を注ぎ入れる。中火にかけて煮立て、薄口しょうゆ、塩を加えて弱めの中火にし、10分ほど煮て火を止める。密閉できる容器に汁ごと入れ、冷蔵庫で保存する。

●冷蔵で4～5日保存可能

「水出し」のだし汁ならほったらかしでOK。

わが家のだし汁は、麦茶ポットなどの容器に20×20cmの昆布や焼きあご3尾（または煮干しひとつかみ）を入れ、水をたっぷり注いで冷蔵庫で一晩置くだけ。使いきったら、昆布や焼きあごを取り出し、煮出してだしをとります。煮ものなら、二番だしで充分ですよ。

●冷蔵で2～3日保存可能

「だしびたし」を使って。

「柔らかい大根とジューシーな牛肉は、お気に入りの組み合わせ」

ステーキに。

材料（2人分）

大根のだしびたし（右記参照）……2切れ
牛カルビ肉（焼き肉用）……6〜8枚（約100g）
万能ねぎの小口切り……適宜
塩　こしょう　片栗粉
しょうゆ　粗びき黒こしょう

1. 牛肉は、塩、こしょう各少々をふる。大根は汁けをきり、切り口に片栗粉を薄くまぶす。フライパンに、油をひかずに牛肉を並べ入れて中火にかけ、両面を焼いて取り出す（脂は拭かない）。
2. 同じフライパンに大根を並べ入れ、中火にかける。両面を2分ほど焼き、器に盛る。牛肉を½量ずつのせ、万能ねぎを散らし、しょうゆ、粗びき黒こしょう各適宜をふる。

（1人分259kcal、塩分1.2g）

「実家で教わった南信州の味。おでんといえば『ねぎだれ』なんです」

おでんに。

材料（2人分）

大根のだしびたし（右記参照）……2〜3切れ
こんにゃく……½枚（約100g）
ちくわぶ……½本
ゆで卵……2個
結び昆布（小）……6個
ねぎだれ
- **削り節……5g**
- **ねぎのみじん切り……10cm分**
- **しょうゆ……大さじ2**

しょうゆ　塩

1. こんにゃくは両面に格子状に切り込みを入れてから、4等分に切り、さっとゆでて水けをきる。ちくわぶは幅2cmの斜め切りにする。ねぎだれの材料を混ぜる。
2. 鍋に昆布、こんにゃく、ちくわぶと、水2カップを入れて中火にかける。煮立ったら弱めの中火にして10分ほど煮て、ゆで卵、大根、しょうゆ小さじ1、塩小さじ½を加え、さらに5分ほど煮る。器に盛り、ねぎだれをつけていただく。

（1人分203kcal、塩分3.4g）

おつまみにも重宝するポテトサラダ。

「とりあえずポテサラをつまみながら
『次は何にしようかしら』と考えることも。
わが家の定番は生ピーマン入りですが、
きゅうりと違って水分が出ないし、
ほろ苦さもまたいいんです」

ポテトサラダ

材料（4人分）

じゃがいも……3～4個（約500g）
ピーマン……1個
ハム……2枚
玉ねぎ……¼個
すし酢※……大さじ2
マヨネーズ　塩　こしょう

※酢½カップ、砂糖⅓カップ、塩小さじ½をひと煮立ちさせ、砂糖を溶かしたもの。

① じゃがいもをゆでる

鍋にじゃがいもを皮つきのまま入れ、たっぷりの水を加えて強火にかける。煮立ったら少し火を弱め、竹串がすーっと通るまで15分ほどゆでる。ピーマンは縦半分に切り、へたと種を取る。横半分に切り、ハムとともに幅2mmの細切りにする。玉ねぎは縦に薄切りにする。

② 具材を加えて仕上げる

じゃがいもが熱いうちに皮をむき、ボールに入れてつぶし、玉ねぎを加えて混ぜる。粗熱が取れたら、すし酢を加えて混ぜる。ピーマン、ハムと、マヨネーズ大さじ3を加えて混ぜ、塩、こしょう各適宜で味をととのえる。（¼量で186kcal、塩分0.8g）

●冷蔵で3～4日保存可能

里いもとベーコンの塩ポテサラ

① 里いもをゆでてつぶす

里いもは皮をむいて鍋に入れ、たっぷりの水を入れて中火にかける。煮立ったら弱めの中火にし、竹串がすーっと通るまで20分ほどゆでてざるに上げる。ボールに入れ、かたまりが残るくらいにつぶす。ベーコンは幅5mmに切る。

② ベーコン、ねぎを炒め、仕上げる

フライパンにオリーブオイル大さじ1を中火で熱し、ベーコン、ねぎを炒める。ねぎがしんなりとしたら、ワインビネガーと、塩、粗びき黒こしょう各少々を加えて混ぜる。①のボールに加えてさっくりと混ぜ、味をみて塩適宜をたし、粗びき黒こしょう適宜をふる。（¼量で105kcal、塩分0.4g）

材料（4人分）

里いも……6個（約300g）
ベーコン……2枚
ねぎの粗いみじん切り……1本分
白ワインビネガー（なければ酢）……小さじ2
オリーブオイル　塩
粗びき黒こしょう

●冷蔵で3～4日保存可能

「自家製マヨネーズ」ならもっとおいしい！

材料（作りやすい分量）と作り方

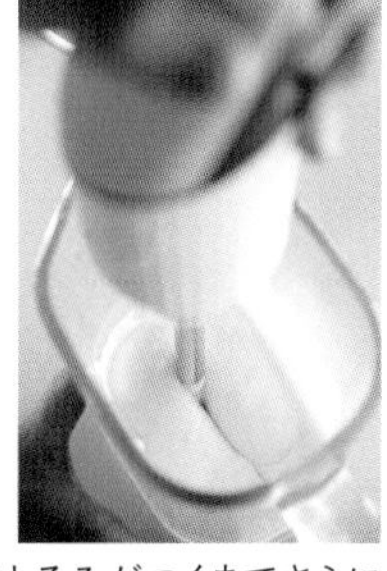

器に、卵1個、酢大さじ1½、塩小さじ1弱を入れ、ハンディブレンダー（なければ泡立て器かハンドミキサー）で、全体が均一になるまで混ぜる。サラダ油⅔～1カップ弱を少しずつ加えながら、かるくとろみがつくまでさらに撹拌する。（全量で1187kcal、塩分5.2g）

にんにくじょうゆで夫も好む味に。

にんにく肉じゃが

材料（4人分）

にんにくじょうゆ（下記参照）……大さじ3
じゃがいも……4個（約600g）
牛こま切れ肉……150g
玉ねぎ……2個（約400g）
にんじん……1本（約150g）
にんにくじょうゆのにんにく
　（なければにんにく）……3〜4かけ
好みのゆで野菜（さやいんげんなど）
　……適宜
ごま油　砂糖

① 材料の下ごしらえをする

じゃがいもは皮をむき、4つ〜6つに切る。玉ねぎは縦に8等分に切る。にんじんは皮をむき、一口大の乱切りにする。にんにくは薄切りにする。

② 野菜を炒め、煮る

口径24cmの鍋にごま油大さじ1を中火で熱する。じゃがいも、玉ねぎ、にんじんを入れ、油が回るまで炒める（野菜はできるだけさわらず、鍋を揺すって上下を返す）。水をひたひたよりやや少なめに注ぎ、にんにくと、砂糖大さじ2を加える。煮立ったらふたをして弱めの中火にし、じゃがいもに少し堅さが残るまで7〜8分煮る。

③ 牛肉とにんにくじょうゆを加え、仕上げる

牛肉、にんにくじょうゆを加えて中火にし、ふたをしないで煮る。煮汁が2/3量くらいになったら火を止め、そのままさまして味をなじませる。器に盛り、好みのゆで野菜を添える。

（1/4量で329kcal、塩分1.6g）

●冷蔵で3〜4日保存可能

「ご飯もお酒もすすんでしまう、夫のお気に入り。
にんにくの香りがあとを引くんです」

にんにくじょうゆ

材料（作りやすい分量）と作り方

にんにく5〜6かけは、切らずに密閉できるびんに入れる。かぶるくらいのしょうゆを注ぎ、ふたをする。1週間ほどで完成。1カ月すると、にんにくにしょうゆの味がなじみ、おいしく食べられる。

冨田ただすけさんの ごまあえとおひたし

「ぼく自身、週に何度も作るごまあえは、
ご飯がすすむ副菜のひとつ。
香ばしいごまのあえごろもは、
野菜の味を引き立てる力を持っています。
また、箸休めとして重宝するのがおひたし。
作りたてよりもしばらくおいたほうが、
野菜にだしがたっぷり
しみ込んでおいしいんですよ」

冨田ただすけさん

日本料理店での修業や、食品加工メーカーでの研究職を経て独立。「より簡単に、おいしい和食を作る」というコンセプトで手がけているレシピサイト「白ごはん.com」は大人気。

料理・スタイリング／冨田ただすけ
撮影／髙杉純
熱量・塩分計算／五戸美香（ナッツカンパニー）

湯を沸かし、塩を加える

いんげんはへたを切り、長さ3〜4cmに切る。鍋に湯1ℓを沸かし、ティースプーン山盛り1杯の塩を加える。

いんげんをゆで、冷水にとる

いんげんを加え、2分ほどゆでる。氷水にとってさまし、ペーパータオルで水けを拭き取る。いんげんに余熱が入ると、食感も色もわるくなるので、ゆでたあとは手早くさますようにする。

「半ずり」のごまが豊かに香る いんげんのごまあえ

あえごろもの黄金比率

いりごま		しょうゆ		砂糖
3	:	1	:	1

材料（2人分）

さやいんげん……80g

あえごろも
- 白いりごま……大さじ1
- しょうゆ……小さじ1
- 砂糖……小さじ1

塩

3

いりごまをする

すり鉢にあえごろも用の白いりごまを入れ、すりこ木で粗めにする。残りの調味料を加え、ゴムべらでこそげながら混ぜてあえごろもを作る。すり鉢がないときは、市販のすりごま大さじ1、いりごま小さじ$\frac{1}{2}$を混ぜてもよい。

いんげんを加え、あえる

すり鉢にいんげんを加え、あえごろもが全体にからむようにあえて器に盛る（時間をおくと水っぽくなるので、食べる直前にあえる）。

（1人分44kcal、塩分0.4g）

すりたてのごまだと、こんなに香ばしいんだ！　香りがすごい！

● 野菜を替えても

ピーマンの苦みもごまの香りでまろやかに。

ピーマンのごましょうがあえ

材料（2人分）と作り方

ピーマン3個は縦に幅6〜7mmに切る。しょうがのせん切り$\frac{1}{2}$かけ分は、水にさらして水けをきる。上記の作り方を参照し、ゆで時間を30秒に変え、あえごろもにしょうがを加えて同様に作る。　（1人分45kcal、塩分0.4g）

①

ほうれん草の下ごしらえをする

ほうれん草は長い根があれば切り落とし、根元に包丁で深さ1～2cmの細かい切り込みを、7～8カ所入れる。さらに、この切れ目に直角に、7～8カ所同様に切り込みを入れる。水をはったボールに入れ、切り口の泥をしっかり落とす。

②

ほうれん草をゆでる

鍋に1.5ℓの湯を沸かし、ティースプーン山盛り1杯の塩を加える。ほうれん草を輪ゴムで束ね、茎を湯につけて30秒ほどゆでる。全体を湯に沈め、15秒ほどゆでたらほうれん草をひっくり返し、さらに15秒ほどゆでる。

だしをたっぷり吸わせて風味よく

ほうれん草のおひたし

ひたし汁の黄金比率

だし汁		しょうゆ		みりん
8	:	1	:	1

材料（2人分）

- ほうれん草……1わ（約200g）
- ひたし汁
  - だし汁※1……$\frac{1}{2}$カップ
  - しょうゆ……小さじ$2\frac{1}{2}$
  - みりん※2……小さじ$2\frac{1}{2}$
- 塩

※1　市販の顆粒だしを使うときは、水$\frac{1}{2}$カップに、表示された量の$\frac{1}{2}$量を溶かす。

※2　みりんのアルコール分が気になるときは、耐熱容器に入れ、電子レンジで40秒ほど加熱して煮きる。

3

水けをしっかり絞る

ほうれん草を冷水にとってさまし、かるく水けを絞って長さ4〜5cmに切る。さらに水けをしっかり絞り、容器に並べる。

ひたし汁に浸し、味をなじませる

容器にひたし汁の材料をすべて加え、菜箸でほうれん草をかるくほぐす。冷蔵庫に30分ほど入れて味をなじませ、器に盛る。

（1人分45kcal、塩分0.4g）

ちゃんと「浸した」
おひたしって
うまいんだなーって実感。

● 野菜を替えても

しんなりゆでたキャベツからあふれるだしが美味。

キャベツのごまおひたし

材料（2人分）と作り方

キャベツ150gは一口大に切る。太いしんは薄く切る。上記の作り方を参照し、ゆで時間を1分にして同様に作る。仕上げに白いりごま少々を指でひねりながら散らし、粗びき黒こしょう少々をふる。（1人分34kcal、塩分0.8g）

PART

stews

野菜がおいしい
煮ものと鍋。

秋冬になると、ニーズがぐっと高まる煮ものと鍋。
「じっくり煮る時間がない！」という声にこたえた時短煮ものはいつも人気です。
また、寒い時期のてっとり早い野菜補給といえば「鍋」。
専門店での流行を踏まえ、ユニークな鍋をあれこれ発表してきました。
「テンション上がる！」という声が多かった華やか鍋にご注目を！

忙しい人の味しみ煮もの

料理／小田真規子
撮影／木村 拓（東京料理写真）
スタイリング／大畑純子
熱量・塩分計算／本城美智子

「時間がないから、
味のしみた煮ものなんて
作るのムリ」と
思っていませんか？
そんな忙しい人にこそ
おすすめしたい、
技あり煮ものをご紹介。
朝出かける前に
さっと煮ておけば、
帰るころには
〈勝手に〉しみしみに！
まさに画期的方法、
ぜひお試しください。

「ほったらかし」の時間と室温について

レシピ中で料理を「ほったらかし」にする時間は、冬の暖房をつけていない室内で4〜8時間を想定しています。室温が高い場合、放置する時間が長くなる場合は冷蔵庫に入れてください。

今回使った鍋について

余熱を利用するため、保温性の高い厚手の鍋を使用してください。また、鍋の口径が大きすぎると、煮汁の水位が低くなる（味がしみにくくなる）ので、鍋のサイズを守ってください。

根菜に
塩をまぶしたら

具材を重ねて
15分煮る。

火を止めてほったらかし。

夜

あとは温め
なおすだけ！

厚切りれんこんの筑前煮

分厚いれんこんが
ほくっと仕上がるのは
〈ほったらかし調理〉のなせるワザ。
温めなおすとき、ごま油で
香りづけすると作りたてのよう!

材料(2～3人分)
れんこん(大)……1節(約250g)
にんじん……1本(約150g)
鶏もも肉……1枚(約250g)
下味
　しょうゆ、砂糖……各大さじ2
生しいたけ……4個(約60g)
塩　ごま油

>>> 朝

① 材料の下ごしらえをする

れんこんは皮をむき、幅1.5cmの輪切りにする(大きければ半分に切る)。にんじんは皮をむいて縦半分に切り、横に幅2cmに切る。しいたけは石づきを取り、縦半分に切る。鶏肉は6等分に切ってボールに入れ、下味の材料を加えてからめる。

② 具を重ね入れ、煮る

口径20cmの厚手の鍋にれんこん、にんじんを入れ、塩小さじ½を加えてからめ、5分ほどおく。しいたけ、鶏肉の順に広げ入れ、水½カップを注ぐ。ふたをして中火にかけ、煮立ったら弱火にし、れんこんに竹串がやっと通るまで、15分ほど煮て火を止める。

>>> 夜

③ ごま油を加え、温めなおす

ごま油小さじ1を加えて上下を返し、中火で3分ほど煮て温める。

(⅓量で265kcal、塩分1.6g)

「ほくほく根菜」が主役！

牛ごぼうのごまみそ煮

滋味深いごぼうに、牛肉のうまみがからんで美味。濃厚なごまみそのしっかり味に、しょうがの辛みをキリッときかせて。

材料（2～3人分）

ごぼう……2本（約250g）
牛こま切れ肉……250g
下味
- 砂糖……大さじ2
- しょうゆ、みりん……各大さじ1
- 片栗粉……小さじ1

しょうが……1かけ
あれば飾り用の水菜……適宜
白すりごま……大さじ1
塩　みそ

>>> 朝

① 材料の下ごしらえをする

ごぼうは包丁の背で皮をこそげ、長さ5cmに切る（太ければ縦半分に切る）。水に5分さらし、水けをしっかりときる。しょうがは皮をむき、5mm角に切る。ボールに下味の材料を入れて混ぜ、牛肉を加えてもみ込む。

② 具を重ね入れ、煮る

口径20cmの厚手の鍋にごぼうと、塩小さじ$\frac{1}{2}$を入れてからめ、5分ほどおく。しょうがを散らして牛肉を広げ入れ、水$\frac{1}{2}$カップを注ぐ。ふたをして中火にかけ、煮立ったら弱火にする。ごぼうに竹串がやっと通るまで10分ほど煮て、火を止める。

>>> 夜

③ ごま、みそを加え、温めなおす

ごまと、みそ大さじ1を煮汁で溶かして加える。上下を返し、中火で3分ほど煮て温める。器に盛り、水菜を添える。

（$\frac{1}{3}$量で367kcal、塩分1.5g）

大根とたらの韓国風煮もの

パンチのあるコチュだれで、ご飯が止まりません。
たらは蒸し煮のように火が通るので、ふっくら柔らか！

材料（2～3人分）

大根（大）……$\frac{1}{4}$本（約300g）
にんじん……1本（約150g）
生たらの切り身……2切れ（約250g）
コチュだれ
- しょうがのすりおろし、にんにくのすりおろし……各$\frac{1}{2}$かけ分
- コチュジャン……大さじ2
- しょうゆ、ごま油……各大さじ1
- 砂糖……小さじ2
- 酢……小さじ1

にら……5本
塩　好みで一味唐辛子

>>> 朝

① 材料の下ごしらえをする

大根、にんじんは皮をむいて縦4等分に切り、横に幅3cmに切る。たらは一切れを3等分に切る。ボールにコチュだれの材料を混ぜ、たらを加えてからめる。

② 根菜に塩をからめ、たらをのせて煮る

口径20cmの厚手の鍋に大根、にんじんを入れ、塩小さじ$\frac{1}{2}$を加えてからめ、5分ほどおく。たらをたれごとのせ、水$\frac{1}{2}$カップを注ぐ。ふたをして中火にかけ、煮立ったら弱火にし、大根に竹串がやっと通るまで15分ほど煮て火を止める。

>>> 夜

③ にらを加え、温めなおす

にらを長さ5cmに切って②に加え、好みで一味唐辛子適宜をふる。たらをくずさないように上下を返し、中火で3分ほど煮て温める。（$\frac{1}{3}$量で163kcal、塩分1.6g）

「くたくた葉野菜」が主役！

朝

肉と野菜を重ねて
15分煮る。

材料（2〜3人分）
白菜……1/4株（600〜700g）
ベーコン……4枚（約60g）
クリームチーズ……100g
にんにく……1かけ
さやいんげん……5本
牛乳……1/2カップ
小麦粉　塩　粗びき黒こしょう

白菜とベーコンのチーズクリーム煮

くったりとした白菜に、
とろみのある煮汁が
からんで美味！
こくのあるクリームチーズに、
ベーコンの塩けがアクセント。

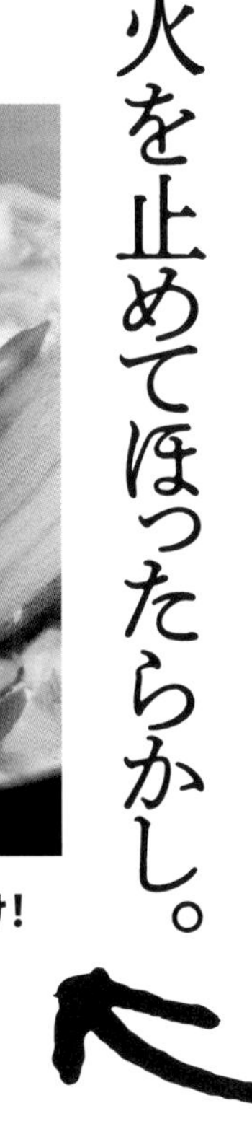

あとは温めなおすだけ！

>>> 朝

① 材料を鍋に入れる

白菜は軸をつけたまま、葉のところどころにベーコンをはさむ。軸を切って横に幅6cmに切り、口径20cmの厚手の鍋に切り口を立てて詰める。小麦粉大さじ1をふってなじませ、塩小さじ⅔をふり、5分ほどおく。にんにくは縦半分に切ってかるくつぶし、鍋に入れる。

② 水を加え、煮る

①の鍋に水⅔カップを注ぎ、ふたをして中火にかける。煮立ったら弱火にし、15分ほど煮て火を止める。

>>> 夜

③ 牛乳と残りの具を加え、温めなおす

いんげんはへたを切り、幅1cmの斜め切りにする。②の鍋に牛乳を注ぎ、いんげんを加えて、クリームチーズをちぎり入れる。鍋を中火にかけ、チーズを溶かしながら3〜4分煮て温める。器に盛り、粗びき黒こしょう少々をふる。　（⅓量で269kcal、塩分2.0g）

白菜と豚バラのオイスターソース煮

豚バラと油揚げのうまみを吸った白菜は、たまらないおいしさ！仕上げに酢を加え、メリハリのある味に。

材料（2〜3人分）

- 白菜……¼株（600〜700g）
- 豚バラ薄切り肉……150g
- 油揚げ……2枚（約60g）
- 万能ねぎの小口切り……3本分
- オイスターソース……大さじ2
- 塩　酢

>>> 朝

① 材料の下ごしらえをする

油揚げはぬるま湯でもみ洗いし、水けを絞る。白菜は軸をつけたまま、葉のところどころに豚肉、油揚げをはさむ。白菜の軸を切り、横に幅6cmに切る。

② 鍋に入れ、煮る

口径20cmの厚手の鍋に、①を切り口を立てて詰める。塩小さじ⅔をふり、5分ほどおく。水1カップを注ぎ、ふたをして中火にかける。煮立ったら弱火にし、15分ほど煮て火を止める。

>>> 夜

③ オイスターソースを加え、温めなおす

オイスターソースと、酢小さじ1を加えて中火にかける。白菜と豚肉の重なりをくずさないように煮汁をかけながら、3分ほど煮て温める。万能ねぎをふる。（⅓量で311kcal、塩分1.5g）

キャベツと手羽先のザワークラウト風

キャベツは大きめに切り、ほどよく食感を残して。粒マスタードの酸味が、キャベツの甘みを引き立てます。

材料（2～3人分）

キャベツ（大）……$\frac{1}{2}$個（550～650g）
鶏手羽先……6本（約300g）
赤パプリカ……$\frac{1}{2}$個（約80g）
にんにく……1かけ
粒マスタード……大さじ2
塩　酢

>>> 朝

① 材料の下ごしらえをする

キャベツは縦6等分のくし形に切る。パプリカはへたと種を取り、一口大の乱切りにする。口径22cmの厚手の鍋にキャベツ、パプリカを入れ、塩小さじ$\frac{1}{2}$をふって5分ほどおく。にんにくは、縦半分に切り、かるくつぶす。

② 手羽先を加え、煮る

手羽先は関節から先を折り、キッチンばさみで骨にそって1本切り込みを入れ、塩小さじ$\frac{1}{2}$をからめる。キャベツの間に手羽先、にんにくを入れ、水$\frac{2}{3}$カップを注ぐ。ふたをして中火にかけ、煮立ったら弱火にし、20分ほど煮て火を止める。

>>> 夜

③ 粒マスタードを加え、温めなおす

粒マスタードを散らし、酢大さじ1を加え、中火で3分ほど煮て温める。

（$\frac{1}{3}$量で181kcal、塩分1.9g）

大胆な切り方で見栄えがするから、女子会とかによさそう♪

あっさりつゆ甘辛つゆ、

野菜の煮ものがぐっとおいしく！

だれでも**確実**に**味**が**決**まる、**最強**の**煮**もののつゆが**完成**。**根菜**やいもをこってりと煮る「**甘辛**つゆ」と、**葉**ものや**薄切**り**野菜**を**上品**に**煮**る「あっさりつゆ」。どちらも、だしをぜいたくにきかせた**極上**の**味**です。

料理／小林まさみ
撮影／鈴木泰介
スタイリング／諸橋昌子
熱量・塩分計算／五戸美香（ナッツカンパニー）

ご飯がすすむ濃いめのしっかり味！「甘辛つゆ」

材料（約300mℓ分）

〈A〉
- みりん……1カップ
- 酒……$\frac{1}{2}$カップ

〈B〉
- しょうゆ……1カップ
- 砂糖……大さじ4
- 昆布（6×6cm）……1枚
- 削り節……20g

●つゆ共通の作り方

Aを鍋で強めの中火で温め、1分ほど煮立たせる。Bを加え、煮立ったらごく弱火で20分ほど煮る。火を止めてさまし、ペーパータオルを重ねたざるでこして絞る。清潔な保存容器に移し、冷蔵庫で2週間保存可能。

しみじみやさしい甘めの上品味！「あっさりつゆ」

材料（約250mℓ分）

〈A〉
- みりん……1カップ
- 酒……1カップ

〈B〉
- しょうゆ……$\frac{1}{4}$カップ
- 塩……小さじ$2\frac{1}{2}$
- 昆布（6×6cm）……1枚
- 削り節……30g

2つのつゆで「豚バラ大根」

具を**炒**めてから**煮**ることで、こくをプラス。**豚**のうまみと**甘辛味**が**食欲**をそそります!

こくうま豚バラ大根

① 〈具〉を切る

大根は皮を厚めにむき、幅1.5cmの半月切りにする(正味約400g)。豚肉は長さ4cmに切る。

② 〈具〉を炒める

口径20cmの鍋に豚肉を入れ、サラダ油をからめる。中火にかけ、肉の色が半分くらい変わるまで炒め、大根を加えて油が回るまでさっと炒める。

③ 〈煮汁〉を加えて煮る

②の鍋に煮汁の材料を加える。強火にし、煮立ったらアクを取る。落としぶた※をし、中火にする。大根に竹串がすーっと通るくらいになるまで、20〜25分煮る。器に盛り、ゆずの皮をのせる。　(1人分438kcal、塩分3.0g)

※アルミホイルを鍋の口径よりひとまわり小さめの円形に切り、真ん中に穴をあけたもの。

材料(2人分)

〈具〉
- 大根……$\frac{1}{2}$本(約500g)
- 豚バラ薄切り肉……150g

〈煮汁〉
- 【甘辛つゆ】……大さじ$3\frac{1}{2}$
- 水……$1\frac{1}{2}$カップ

炒め用のサラダ油……大さじ$\frac{1}{2}$

仕上げ用のゆずの皮のせん切り……適宜

不動の人気を誇る「豚バラ大根」で、2つのつゆの使いこなしをご紹介。
片やこってり、片やあっさり、同じ素材なのに仕上がりの違いは一目瞭然です。

「あっさりつゆ」で

薄切りの大根に、だしのきいた煮汁をたっぷり含ませて。10分ちょっとで煮上がります。

上品豚バラ大根

材料（2人分）

〈具〉
- 大根……1/2本（約500g）
- 豚バラ薄切り肉……150g

〈煮汁〉
- 【あっさりつゆ】……大さじ3
- 水……1 1/2カップ

仕上げ用の万能ねぎの小口切り……適宜

① 〈具〉を切る

大根は皮を厚めにむき、幅3mmの輪切りにする（正味約400g）。豚肉は長さ4cmに切る。

② 〈煮汁〉を煮立たせ、〈具〉を加える

口径20cmの鍋に煮汁の材料を入れ、強火にかける。煮立ったら豚肉を加えてアクを取り、大根を加える。

③ 煮る

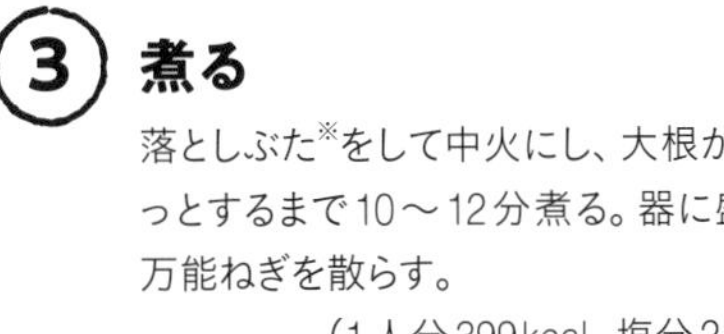

落としぶた※をして中火にし、大根がくたっとするまで10〜12分煮る。器に盛り、万能ねぎを散らす。

（1人分399kcal、塩分2.2g）

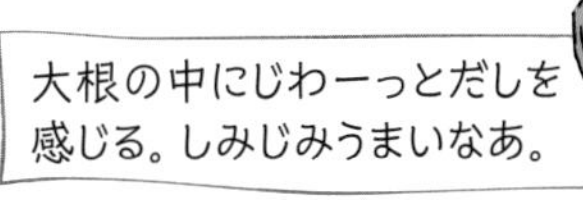

「甘辛つゆ」でこってり煮もの

●共通の作り方

P112〜113のレシピは、P110を参照し、具や煮る時間を替えて同様に作ってください。肉が入らないものは、炒め用の油を熱してから具を炒めましょう。

甘辛系煮ものの代表メニューも、このつゆだけで文句なしに味が決まります。

極うま肉じゃが

材料（2人分）

〈具〉

- じゃがいも……2個（約300g）
- 玉ねぎ（大）……$\frac{1}{2}$個（約150g）
- にんじん……$\frac{1}{2}$本（約80g）
- 牛こま切れ肉……150g

〈煮汁〉

- 【甘辛つゆ】……大さじ$3\frac{1}{2}$
- 水……$1\frac{1}{2}$カップ

炒め用のサラダ油……大さじ$\frac{1}{2}$

下準備

- じゃがいもは皮をむき、一口大に切って水に5分ほどさらす。
- 玉ねぎは4等分のくし形切りにする。
- にんじんは皮をむき、一口大の乱切りにする。
- 牛肉は食べやすく切る。

（1人分493kcal、塩分3.0g）

煮る時間●15～20分

甘みのあるつゆはさつまいもと**好相性**。
鶏のうまみで**味**にいっそう**深み**が**出**ます。

さつまいもと鶏

材料（2人分）

〈具〉

- **さつまいも（大）……1本（約300g）**
- **鶏もも肉……1枚（約250g）**

〈煮汁〉

- **【甘辛つゆ】……大さじ3½**
- **水……1½カップ**

炒め用のサラダ油……大さじ½

下準備

- さつまいもはよく洗って、皮つきのまま幅1.5cmの輪切りにし、水にさっと さらす。
- 鶏肉は筋と脂肪を取り除き、一口大に切る。

（1人分560kcal、塩分3.1g）

煮る時間●約15分

なすに**煮汁**をたっぷり**含**ませてジューシーに！
つゆのうまみが**存分**に**堪能**できます。

なすと唐辛子

下準備

- なすはへたを切り、縦半分に切って、皮目に斜めに浅い切り込みを5mm間隔で入れる。

（1人分184kcal、塩分2.0g）

煮る時間●約15分

材料（2人分）

〈具〉

- **なす……5個（約450g）**
- **赤唐辛子……1本**

〈煮汁〉

- **【甘辛つゆ】……大さじ3½**
- **水……1½カップ**

炒め用のごま油……大さじ1½

定番のかぼちゃの**煮**ころがしもラクラク**完成**！
しっかり**味**で**箸**がどんどんすすみます。

ごろごろかぼちゃ

下準備

- かぼちゃはわたと種を取り（正味約350g）、一口大に切る。（1人分243kcal、塩分2.0g）

煮る時間●約15分

材料（2人分）

〈具〉

かぼちゃ（小）……¼個（約420g）

〈煮汁〉

- **【甘辛つゆ】……大さじ3½**
- **水……1½カップ**

炒め用のサラダ油……大さじ½

「あっさりつゆ」でしみじみ煮もの

くたくたに煮たキャベツとなめらかな豆腐に、だしのきいたつゆがしっかりなじみます。

キャベツと豚バラの塩肉豆腐

下準備

- キャベツはしんを切り取り、一口大に切る。
- 豆腐は4等分に切る。
- にんにくは包丁の腹でつぶす。
- 豚肉は長さ4cmに切る。

（1人分447kcal、塩分2.2g）

煮る時間●7〜8分

材料（2人分）

〈具〉

- キャベツ……200g
- 豚バラ薄切り肉……150g
- 絹ごし豆腐（大）……½丁（約200g）
- にんにく……1かけ

〈煮汁〉

- 【あっさりつゆ】……大さじ3
- 水……1½カップ

●共通の作り方

P114〜115のレシピは、P111を参照し、具や煮る時間を替えて同様に作ってください。肉が入らないものは、アクを取る必要がないので、煮立ったらそのまま具を加えてください。

かぶとえびだんご

素材の色を生かした、割烹料理のような一品。
ぷりっとしたえびの食感が絶妙なアクセントに。

薄味のつゆとかぶが最高の相性。
かぶは絶対このつゆがいいね。

材料（2人分）

〈具〉

かぶ（小）……5個（正味約400g）
えびだんご
えび（殻つき）……12尾（約200g）
玉ねぎのみじん切り……大さじ4（約40g）
溶き卵……大さじ1
片栗粉……小さじ2
塩……小さじ$\frac{1}{4}$

〈煮汁〉

【あっさりつゆ】……大さじ3
水……1$\frac{1}{2}$カップ

下準備

- かぶは茎を3cmほど残して葉を切る。皮つきのまま縦4等分に切り、竹串で茎の泥を取り除く。
- えびは殻をむいて背わたを取り、包丁でたたく。
- えびだんごの材料を混ぜ、スプーンで6～8等分に丸める。　（1人分224kcal、塩分3.3g）

煮る時間●約15分

大根とさつま揚げ

下準備

- 大根は皮を厚めにむき、長さ6cm、7mm角の棒状に切る。
- さつま揚げは幅5mmに切る。

（1人分135kcal、塩分2.3g）

煮る時間●約15分

材料（2人分）

〈具〉

大根（大）……$\frac{1}{3}$本（約400g）
さつま揚げ……2枚（約80g）

〈煮汁〉

【あっさりつゆ】……大さじ3
水……1$\frac{1}{2}$カップ

仕上げ用の練り辛子……適宜

さつま揚げから出るだしでおいしさが増します。
辛子を合わせれば、おでん風の味わいに！

火通りのよい葉野菜で作るスピード煮もの。
シャキシャキの水菜がくせになります。

水菜と油揚げ

下準備

- 水菜は根元を切り、長さ5cmに切る。
- 油揚げは熱湯をかけて油抜きし、細切りにする。

（1人分196kcal、塩分1.5g）

煮る時間●約5分

材料（2人分）

〈具〉

水菜……1$\frac{1}{2}$わ（約300g）
油揚げ……2枚

〈煮汁〉

【あっさりつゆ】……大さじ3
水……1$\frac{1}{2}$カップ

専門店で話題の

マウンテン「肉鍋」

鍋料理界に「山」出現！
いま、お店の鍋で話題沸騰中なのが、
具材を高ーく積んだマウンテン鍋です。
肉をぐるぐるとうずたかく巻く「肉鍋」と、
葉野菜をドサッとのせる「草鍋」、
その迫力はどちらも圧巻。

土台のキャベツに肉を巻き……

キャベツをたしながら上へ上へ！

てっぺんは肉オンリー。

「マウンテン鍋」がすごい！

マウンテン「草鍋」

料理／市瀬悦子
撮影／木村 拓（東京料理写真）
スタイリング／しのざき たかこ
熱量・塩分計算／本城美智子

魅力はインパクトだけじゃない！豚バラとキャベツが思う存分味わえるうま辛鍋です。

マウンテン「**肉鍋**」

材料（4～5人分）

豚バラ薄切り肉……500g
キャベツの葉……大$\frac{1}{2}$個分（約600g）
生しいたけ……6個
もやし……1袋（約200g）
白菜キムチ（刻んだもの）……200g
うま辛つゆ
- にんにくのすりおろし……$\frac{1}{2}$かけ分
- コチュジャン……大さじ2
- みそ……大さじ4
- 鶏ガラスープの素（顆粒）……大さじ$\frac{1}{2}$
- しょうゆ、はちみつ、ごま油……各大さじ1
- 水……7カップ

糸唐辛子、ラー油……各適宜

① 材料の下ごしらえをする

豚肉は長さを半分に切る。キャベツは5cm四方に切る。生しいたけは軸を切り落とし、薄切りにする。うま辛つゆの材料を混ぜ合わせる。

② キャベツの土台に肉を巻く

鍋にキャベツの$\frac{1}{4}$量を直径12cmくらいに手でまとめて入れ、土台にする。豚肉100gをキャベツの側面にぐるりと巻きつけ、くっつける。残りのキャベツの$\frac{1}{3}$量を、1段目の肉とキャベツの間に差し込んで壁を作り、内側にものせる（P116写真下・中央参照）。

③ さらにキャベツを重ね、肉を巻く

豚肉100gを同様に巻きつけ（2段目）、残りのキャベツの$\frac{1}{3}$量と豚肉100g（3段目）、さらに残りのキャベツの$\frac{1}{2}$量と豚肉100g（4段目）を順に重ねて巻きつける。上になるほど細く形を整え、4段目の最後は肉だけを巻く。糸唐辛子をのせる。

④ 具材とつゆを加え、仕上げる

③のまわりに生しいたけの$\frac{1}{2}$量と、もやし、白菜キムチを入れて、①のつゆを注ぐ。強火にかけ、煮立ったら弱めの中火にし、ラー油をつゆに回しかける。

「**チーズと卵**」で味変え！

半分ほど食べたら、残りの豚肉、キャベツ、生しいたけを加えてさっと煮る。ピザ用チーズ120gを加えて弱火で熱し、卵2個を割り入れる。ざっと混ぜていただく。
（$\frac{1}{5}$量で625kcal、塩分3.8g）

●「肉鍋」の上手な食べ方

つゆが沸騰したら豚肉をはがし、キャベツとともに沈める。キャベツが柔らかくなるまで5分ほど煮たら食べごろ。

マウンテン「草鍋」

材料（4〜5人分）

鶏もも肉……2枚（約500g）
あさり（殻つき・砂抜きしたもの）……400g
厚揚げ……1枚（約200g）
ねぎ……1本
小松菜……1わ（約200g）
水菜……1わ（約200g）
豆苗……1袋（正味約100g）
うま塩鶏つゆ
- 鶏ガラスープの素（顆粒）……大さじ½
- 酒、みりん……各大さじ2
- 塩……小さじ2
- 水……7カップ

① 材料の下ごしらえをする

鶏肉は大きめの一口大に切る。あさりは殻と殻をこすり合わせて洗い、ざるに上げる。厚揚げは縦半分、横に幅1cmに切る。ねぎは長さ5cmのものを2本切って縦にせん切りにし、残りは斜め薄切りにする。小松菜、水菜はともに根元を切り、長さ6cmに切る。豆苗は根元を切る。

② つゆで鶏肉を煮る

鍋につゆの材料を入れて混ぜ合わせ、鶏肉を入れて強火で熱する。煮立ったらアクを取り、弱火で10分ほど煮る。

③ 具材を加え、草をどっさり盛る

厚揚げ、あさり、ねぎの斜め薄切りを加え、あさりの口が開いたらアクを取る。中央に小松菜、水菜、豆苗の各¾量をざっと混ぜて山高に盛る。ねぎのせん切りをのせる。

●「草鍋」の上手な食べ方

小松菜、水菜、豆苗の山をくずし、つゆにさっとくぐらせて、いただく。少しシャキッとした食感が残っているくらいが食べごろ。

「レモンとパクチー」で味変え！

半分ほど食べたら、残りの小松菜、水菜、豆苗を加えてさっと煮る。レモン（国産）の薄い輪切り1個分、にんにくの薄切り1かけ分、赤唐辛子の小口切り2本分、パクチーのざく切り3株分（約30g）をのせて、粗びき黒こしょう適宜をふる。

（⅕量で311kcal、塩分2.8g）

仕上げの具で華やぐ「白菜ミルフィーユ鍋」。

もはやすっかり定番になった白菜ミルフィーユ鍋。白菜と豚肉を重ねるだけなのに、その切り口がパッと目を引くと評判です。今回、おもてなし向きに華やかにアレンジしたのがこちら。仕上げに具をのせるだけで、ぐっとごちそう感が増しますよ。

料理／市瀬悦子
撮影／澤木央子
スタイリング／阿部まゆこ
熱量・塩分計算／五戸美香（ナッツカンパニー）

梅おろしのせ、和風だし鍋

だしと豚バラのうまみを含んだ、くたくたの白菜が美味。梅おろしをからめてさっぱりといただきます。

材料（4人分・口径約26㎝、容量約2400mℓの土鍋1個分）

具
- 白菜（1/4株）……2個
- 豚バラ薄切り肉……約400g

鍋つゆ
- だし汁……5カップ
- しょうゆ……大さじ2
- 塩……小さじ1

ゆずの皮のせん切り……適宜

〈仕上げの具〉梅おろし
- 大根おろし……400g（1/2本分弱）
- 梅干し……2個
- 万能ねぎの小口切り……4〜5本分

ここ失敗しがち！
白菜は1/4株で売られているものの葉の幅がベスト。1/2株を切って使うと、幅が広すぎることが多いので注意！

下準備
- 白菜は堅い軸を切り落とし、1枚ずつはずす。
- 大根おろしはざるに上げ、梅干しは種を除いて粗くたたく。万能ねぎとともに混ぜ合わせ、梅おろしを作る。

①

白菜と豚肉を重ねる

白菜2枚を重ねて置き、豚肉2〜3枚を白菜をおおうように広げてのせる。葉としんの向きを逆にして、白菜2枚と豚肉2〜3枚を同様にあと2回重ねる。いちばん上に白菜2枚を重ねてのせる。これをひとかたまりとし、残りも同様にする。

②

土鍋にきっちり詰める

土鍋の深さを確認し、長さを合わせて、①をかたまりごとに切る。土鍋の縁に、1切れずつ斜めにずらしながら並べ入れる。中央にも具をきっちり詰める。

③

濃いめのつゆを注ぎ、煮る

鍋つゆの材料を混ぜ、土鍋の深さの八分目くらいのところまで注ぎ入れる。強火にかけ、煮立ったら弱火にし、ふたをして白菜のしんが柔らかくなるまで15分ほど煮る。

④

〈仕上げの具〉をのせる

鍋の中央をあけるように、具を少しずつ外側に寄せる。中央のあいた部分に〈仕上げの具〉を詰め、ゆずの皮を散らす。

（1人分448kcal、塩分2.0g）

う、うつくしい!!　できる女子の鍋って感じ。

つゆを飲むと、かつおだしと豚バラの味がじわーーっ（感涙）。

薬味揚げのせ、うま塩豆乳鍋

こんがりと焼いた油揚げと、さわやかな薬味をたっぷりと。上品でまろやかな豆乳鍋の絶妙なアクセントに。

材料（4人分・口径約26cm、容量約2400mℓの土鍋1個分）

具

- 白菜（$\frac{1}{4}$株）……2個
- 豚バラ薄切り肉……約400g

鍋つゆ

- だし汁……3カップ
- みりん……大さじ3
- 塩……大さじ1

豆乳……$1\frac{1}{2}$カップ

作り方

P121「和風だし鍋」の下準備と作り方を参照し、鍋つゆと仕上げの具を替えて同様に作る。ただし、作り方③で15分ほど煮たあと、豆乳を加え、煮立たせないように5分ほど温める。（1人分523kcal、塩分2.4g）

ここ失敗しがち！

豆乳を加えたあと、煮立たせると分離してもろもろになってしまいます。ふつふつとする程度に、火加減を調節してください。

仕上げの具は
薬味揚げ

- 油揚げ……2枚
- 三つ葉……1束
- ねぎのせん切り……5cm分
- しょうがのせん切り……1かけ分

油揚げは縦半分に切り、横に幅2cmに切る。フライパンで両面を2～3分ずつ、こんがりするまで焼く。三つ葉は葉を摘み、茎は長さ3cmに切る。ねぎ、しょうがとともにさっくり合わせる。

バターコーンのせ、こくみそ鍋

みそ鍋に溶けた
バターがあいまって、
こくのある奥深い味わいに。
一味唐辛子で
コーンの甘みを
ほどよくひきしめます。

材料（4人分・口径約26cm、
容量約2400mlの土鍋1個分）

具

- 白菜（1/4株）……2個
- 豚バラ薄切り肉……約400g

鍋つゆ

- だし汁……5カップ
- みそ……大さじ5
- みりん……大さじ2
- しょうゆ……大さじ1/2
- 塩……小さじ1

一味唐辛子……少々

作り方

P121「和風だし鍋」の下準備と作り方を参照し、鍋つゆと仕上げの具を替えて同様に作る。食べるときに一味唐辛子をふる。

（1人分535kcal、塩分2.9g）

仕上げの具は
バターコーン

ホールコーン缶詰（190g入り）……1缶

バター……20g

コーン缶は缶汁をきる。

野菜じゃないけど注目素材!

アボカドで おめかしおつまみ

アボカドは、ここ20年※で輸入量が約10倍にまで増加した素材。
クリーミーな味わいが人気ですが、色や形のおしゃれさも大きな魅力!
今回はそのビジュアルをうまく生かして、「映える」おつまみに仕上げます。

※1996～2016年のデータです。

料理/髙山かづえ
撮影/田村昌裕
スタイリング/しのざき たかこ
熱量・塩分計算/本城美智子

「アボカップ」でおめかし。

イタリアンタルタルのせ

これは女子会用に
覚えとこう～。メモメモ。

材料（2人分）

アボカド……1個

具
- ハム……1枚
- ゆで卵……1個
- ブラックオリーブ（種抜き）……大さじ1
- イタリアンパセリのみじん切り……小さじ1
- マヨネーズ……大さじ2

飾り用のイタリアンパセリ……適宜

1.「アボカップ」を作る

アボカドは縦半分に切り、種を取る。置いたときに安定するよう、底を2mmほど切る。

2.具を作ってのせる

ハム、ゆで卵、オリーブはそれぞれ粗く刻み、具の材料を混ぜ合わせる。アボカップの種のくぼみにのせ、パセリを飾る。（1人分280kcal、塩分0.7g）

タラモサラータのせ

たらこ×じゃがいものギリシャ料理。

材料（2人分）

上記の「アボカップ」……1個分

具（混ぜるだけ）
- たらこ（ほぐす）……1/3はら（約30g）
- じゃがいも※……1個
- 玉ねぎのみじん切り……1/8個分
- にんにくのすりおろし、塩……各少々
- レモン汁……小さじ1/2
- オリーブオイル……大さじ2～3

粗びき黒こしょう（仕上げ用）……適宜

※じゃがいもは、ラップに包んで電子レンジで3分、上下を返してさらに1分加熱して、皮をむいてつぶす。

（1人分322kcal、塩分1.0g）

たこのセビーチェのせ

ぴりりと辛い魚介のマリネをのせて。

材料（2人分）

上記の「アボカップ」……1個分

具（混ぜるだけ）
- ゆでたこの足（5mm角に切る）……50g
- プチトマト（粗く刻む）……3個
- パクチーのざく切り……2本分
- にんにくのみじん切り……1/4かけ分
- タバスコ®……少々
- レモン汁……小さじ1
- 塩……ひとつまみ

オリーブオイル（仕上げ用）……小さじ1

（1人分192kcal、塩分0.8g）

コンビーフマスタードのせ

コンビーフをアボカドと合わせてマイルドに。

材料（2人分）

上記の「アボカップ」……1個分

具（混ぜるだけ）
- コンビーフ缶詰（100g入り）……1/2缶
- 玉ねぎ（5mm四方に切る）……1/8個
- きゅうり（5mm角に切る）……1/4本
- フレンチマスタード……小さじ2
- マヨネーズ……小さじ1

（1人分220kcal、塩分0.7g）

トマト、チーズの上に重ねる「タワー風」がおしゃれ。

スライスアボカドのカプレーゼ

材料（4人分）

アボカド……½個
トマト……1個
モッツァレラチーズ……½個（約50g）
アンチョビーソース
- **アンチョビー（フィレ）**……2枚
- **にんにくのすりおろし**……¼かけ分
- **オリーブオイル**……小さじ2

バジルの葉……4〜6枚

1.材料の下ごしらえをする

アボカドは種と皮を取り、横に幅3㎜に切る。トマトはへたをくりぬき、上下を5㎜ずつ切り落として、横に4等分に切る。モッツァレラチーズは4等分の輪切りにする。アンチョビーは包丁でたたいてペースト状にし、他のソースの材料と混ぜ合わせる。

2.重ねて仕上げる

トマト1枚、**1**のソース少々、チーズ1枚を順に重ね、アボカドの¼量をずらしながら重ねる。**1**のソース少々をかけ、バジルの葉を飾る。残りも同様にする。

（1人分99kcal、塩分0.2g）

中身をくりぬいて「ココット状」にするのもいまどき！
マヨとチーズのパワーで、アボカドに負けないこくが誕生。

アボカドとえびのマヨグラタン

材料（2人分）

アボカド……1個
ボイルえび……6尾（約50g）
牛乳……大さじ1½
ピザ用チーズ……50g
マヨネーズ

1.「アボカドココット」を作る

アボカドは縦半分に切り、種を取る。皮から5㎜ほど果肉を残してスプーンでくりぬき（アボカドココット）、果肉はボールに入れる。ボイルえびは長さを半分に切り、マヨネーズ大さじ2、牛乳とともにボールに加えて混ぜ、具を作る。

2.具を「ココット」に入れ、トースターで焼く

アボカドココットに具を入れ、ピザ用チーズをのせる。天板にのせ、オーブントースターで10〜15分焼く（途中、焦げそうになったら、アルミホイルをかぶせる）。

（1人分342kcal、塩分1.1g）

切ると溶け出すモッツァレラに感激！
生ハムの塩けが、ビールにもワインにもぴったり。

アボカドチーズフライ

材料（2人分）

アボカド……1個
モッツァレラチーズ……½個（約50g）
生ハム……2枚（約20g）
溶き卵……½個分
粉チーズ……大さじ2
ルッコラなど好みのつけ合わせ……適宜
塩　パン粉　小麦粉　揚げ油

火が通るとほくっとするんだねー。
この食感、新鮮。

1. アボカドにモッツァレラを詰め、生ハムでふたをする

アボカドは縦半分に切り、種と皮を取る。種のくぼみに塩少々をふり、モッツァレラを½量ずつ詰める。粉チーズとパン粉½カップを混ぜる。生ハムの片面に小麦粉を薄くまぶし、アボカドの切り口にはりつける。小麦粉適宜を全体にまぶして溶き卵にくぐらせ、チーズパン粉をまぶす。

2. 油で揚げる

鍋に揚げ油を入れて低温※に熱し、アボカドをハムの面を上にして並べ入れる。弱火にして、途中返しながら5分ほど揚げ、火を少し強めて1～2分揚げる。器に盛って、つけ合わせを添える。（1人分430kcal、塩分1.2g）

※160～165℃。パン粉を少量落とすと、少し沈みかけてからゆっくり広がる程度。

野菜別に探せる！ 料理名 index

登場した料理を野菜別にまとめ、ページ順に並べました。作りおき可能なものには★印がついています。
本文内に保存期間が表示されていないものは、冷蔵で3〜4日を目安に食べきってください。

ORANGE PAGE BOOKS

おうちごはん
格上げレシピ❷

簡単なのに、ちゃんとして見える！

野菜がたっぷり

2023年8月16日　第1刷発行

アートディレクション／山川香愛
デザイン／山川図案室
イラスト／徳丸ゆう
発行人／鈴木善行
編集担当／井上留美子

発行所／株式会社オレンジページ
〒108-8357　東京都港区三田1-4-28
三田国際ビル
電話　03-3456-6672（ご意見ダイヤル）
03-3456-6676（販売 書店専用ダイヤル）
0120-580799（販売 読者注文ダイヤル）

印刷・製本／凸版印刷株式会社　Printed in Japan

https://www.orangepage.net

●本書は2019年刊行の
『「いま」作りたいものが全部ある！
野菜たっぷり おかず122品。』（小社）の
内容を一部改訂し、書籍化したものです。